내 인생의 복덩이

도서출판 옹달샘

차례

제1부

제2부

제3부

머리글

내 인생의 복덩이는
제 아내의 애칭입니다.

제 아내는 초등학교 친구였고 동창이었습니다.

그렇게 세월이 흘러 50대 중반에
초등학교 동창회에서
지금의 아내와 해후를 했고
돌싱이었던 저희는
부부의 연을 맺었습니다.
귀한 만남이었고
귀한 인연 이였으며
내게는 소중한 사람이었기에
제 아내를 그렇게 부릅니다.

"내 인생의 복덩이"라고…….

제1부

내 인생의 복덩이

내 인생의 복덩이
해 같은
아내의 애칭입니다

매일 아침
잔잔한 미소
아침 햇살을 채워주는 여인

파란 하늘
어여쁜
마음에 담아주는 여인

앞동산 약수터에서
약수물을 담아
건네주는 여인

얇아진 마음에 시리도록 시린
고귀한 사랑을
듬뿍 넣어주는 그런 여인

인생의 복덩이에게
종이학을 접어
하얗게 자꾸만 날려 보낸다

내 님 오는 소리

구름타고
살짝
바람이 옵니다

복사꽃 향기에 취해
바람에 실려
임 오는 소리

바람이 말을 하고
기억이
말을 걸어옵니다

어느새
마지막 잎새 되어
사르르 흔들리고 있습니다

그대는 그리움 나는 외로움

잔잔한
미소 속의 그대
그대는 그리움

그대의 젖은 마음 속에
긴 침묵으로 기다리는
외로움

까만 눈빛으로
알알이 박힌
그대의 모습

가슴 저며 오는 애틋한 사랑
저 하늘 저 편
날개를 달고

긴 침묵으로
내게
다가온다

봄이 오면

봄이 오면
저 겨울 바다의 끝자락
지평선 너머
작은 통통배를 보고 싶다

아내와 같이
좋아하는 동해안 바다
그 바다가 보이는
호텔 테라스에 앉아

떠오르는 저 태양
뜨거움의 한 편
작은 통통배를 바라보며
삶에 자족하련다

세상에 물든 폐부를
깨끗이 청소하고
돌아오고 싶다
아내와 같이……

초승달1

저 멀리
그대 모습
초승달로 앉아있네

그대의
어여쁜 지혜
밤의 향기 속에 갇히고

사랑나무
가지 위에
아름답게 채색되어

초승달로
떴네

카페 마디쪼

카페 마디쪼는
"맛있죠"를 소리나는 대로 표기한
아내가 운영하는
훼밀리 레스트랑이다

서울 강서구 방화동
큰 대로변에서 10분 거리
10평 남짓 카페
이곳에서 4년

규모를 넓혀 큰 대로변
9호선 공항시장역
전철역 4번 출구 앞
40평 규모로 확장 이전 후 6년

카페 마디쪼는
10년 연륜의
아내의 사랑과 정성과 마음이
모아진 곳

사랑이 있다

예수님
사랑이다

시편 119편 103절
복음을 행함으로 전하는
아름다운 장소
카페 마디쪼

카페 마디쪼는
아내의 분신
복음의 통로
하나님 말씀이다

주님 말씀의 맛이
내게 어찌 그리
단지요
내 입에 꿀보다 더 달더이다

사랑의 여로

그대 눈 속에 빛나는
사랑이 있다면

그대와 나
둘이 손잡고 거니는
사랑의 여로

그 길 가는 우리에게
사랑의 길 걸어가는
우리에게
축복 있으리

만남

우연을 인연으로
그대를 만나
늦가을 만추의 고즈넉한 저녁

라이브 카페의 달빛 창가에서
만난 그대의 모습은
천사의 모습

그날 그대의 모습에서 우리는
하나로 묶이는 인연의 시작으로
느껴져

그대는 보고 또 보아도
보고 싶기가 절절한
내 사랑하는 연인

그대를 생각하면
생각이 생각을 더 만들어
머리에 떠오르는 모습

그리게 됩니다
만남의 약속은
행복이라고 했던가요

그 행복한 만남의 기다림 속에
그대와 나의 사랑을
깊어만 갑니다

3월의 봄비

3월의 봄비가
온 대지를 촉촉이 적시고

그대와 나의 마음 밭에도
우리의 애심을 담은

가녀린 비가
소리 없이 내리고

우리 마음의 꽃밭에 이제 막
사랑의 꽃씨를 심었습니다

싱긋 웃습니다
입가엔 만족함이 가득하고

그대와 나
사랑의 유토피아를 그려봅니다

이제 우리 사랑의 꽃씨가
아름답게 꽃이 되는 날

그때도 역시 그대와 나의 꽃동산에
사랑의 단비가

우리의 사랑을 축하하며
촉촉이 내릴 것입니다

별 나 달, 나의 사랑

임진각 향기가
우리들의 사랑만큼
노란 달빛이 물든 밤

찬찬히 흐르는 강물 위에
우리들의 사랑이 부러운 듯
달님이 미소 짓습니다

잔잔한 바람에
숲과 나무도
하늘거리고

밤하늘
달님의 사랑은
우리의 사랑을 보는 듯합니다

우리는 슬며시
임진각 밤의 적막에 갇히고
소리 없이 부서지는

별 빛의
아름다운 선율 속에
그대와 나

별 하나
달 하나
사랑을 하나봅니다

길

떠나간다
우연 속의 인연을 찾아서
얼굴도 모른 채

발길가는 대로
마음이 끌리는 곳으로
그리움 찾아가자

사랑
사람은 더불어 사는 것
꿈이 있는 곳에 길이 있으니

그저 나아가
넘어져도
다시 일어나 앞으로 가자

사랑의 길

저 멀리
우리의 길이 보입니다
그 길을 걸어봅니다
산도 바다도
어서 오라 반갑게 맞아 줍니다
산에는 능선과 계곡이 있고
바다에는 뱃길이 있듯이
우리 사랑의 길은
언제쯤 활짝 열려 있을까요
저 산에는
사랑의 메아리가 들려오고
저 바다에는 사랑의 밀물이 밀려오듯이
우리의 사랑은
언제쯤 완성 될까요
늦가을 단풍이 떨어질 때,
함박눈이 펑펑 쏟아질 때쯤이면 될까요
기다림!
기다림은 애절하지만
그 애절함 속에
사랑나무 가지 위에
온갖 꽃들이 만개하기를
손꼽아 기다려 봅니다

그리움

그대의 얼굴이 초승달 되어
그대를 그리며
잠 못 이루는 내게 다가와
상큼한 미소를 짓습니다

산 넘고 물 건너 찾아와
당신 밖에 없노라고
당신 없인 못산다고
당신을 사랑한다고
사랑의 밀어를 속삭여요

못 갈 곳이 없고
못 올 리 없지마는
지척도 아닌 곳에서
왜 이리 만날 수 없는 것일까요

행복하게 해주겠노라고
당신 사랑한다고
당신의 귓가에 속삭였더니
당신은 어느새 물안개 되어
내 온 가슴을 적시고 있습니다

사랑하는 이여
당신은
그리움의 화신입니다

보고 싶은 그대에게로

보고 싶은 그대를 찾아
길을 떠납니다
떠나기 얼마 전부터
가슴 설레임을 어찌할 수 없습니다

수없이 많은 밤하늘의 별을 헤아리며
저 수없이 많은 별들 중에서
유난히 반짝이는 저 별은
분명 그대의 별이었습니다

그대의 별을 바라보는
내 눈가엔
어느새 이슬이 고였습니다

보고 싶은 그대여!
내 마음은
이미 그대 곁에
가 있습니다

이제 몸도 그대 곁으로
달려갑니다
보고 싶은 그대를 찾아
길을 떠납니다

겨울 꽃

하얗게 핀 겨울 꽃
이름 모를 나무 위에
저 속내를 드러내놓고
활짝 피어있는
겨울 꽃이여!

지난 밤 뚝 떨어진
영하의 날씨 때문입니까
겨울 꽃도 춥다는 듯
누군가의 따스한 손길
누군가의 뜨거운 눈길을 기다린다

하루가 지고
이틀이 가고
시간이 흘러도
끝내
그 누군가는 오질 않는다

기다림에 지쳐
오늘도 겨울 꽃은
홀로이
피어있다

우수

늦은 밤 인사동 골목길을 걷고 있습니다
발걸음을 옮길 때마다
낙엽이 하나 둘 밟힙니다
잔잔한 바람에
어깨가 들썩거릴 때마다
낙엽은 우수수 쌓여만 갑니다
쌓이는 낙엽 속에
마음 속
저만치 고독의 그림자가
자꾸만 자리를 잡습니다

걸음을 멈추곤
고개 들어
스산함 가을의 밤하늘을 쳐다봅니다
저 멀리 달 가듯
달님도 쉬어갑니다
잠시 쉬는 듯
영원인 듯싶다가 잠시 쉬어갑니다
오늘도 난 이렇게
쉬엄 쉬엄
인사동 골목길을 빠져나오고 있습니다

고독

하늘이 높아지는 소리가 들린다
저 들녘엔 황금빛 색
멀겋게 서 있는 허수아비

허허로움이 깃들어 있다
그 허수아비를 맴도는
참새 한 마리

그 참새 한 마리를 바라보며
짝 잃은 참새의 서글픔을 읽는다
외로움을 느낀다

그때 멀찍이 서 있던 농부가
워워이
참새를 쫓는다

참새는 놀란 듯
파드득 날개 짓하며
허공으로 쏜살같이 날아간다

저 들녘에 석양이 진다
전에는 저 모습에
가슴 뛰는 낭만을 느꼈건만

지금은 한없는 고독의 한기를 느낀다
소소리 바람을 맞으며
저 마알간 창공을 쳐다본다

싱긋 쓴 웃음
이 향기 없는 웃음에
온몸으로 고독이 스미고

떠나간 님
생각에 잠겨
오늘도 나를 잊는다

인사동엘 가면

인사동엘 가면
낭만이 펼쳐진다
고가구와 고서화가 잘 정돈된
찻집에는
은은한 향기의 우리의 차와
잔 항아리 단지에
담겨진 민속주

가지런한 부침안주가
입맛을 돋운다
이곳엔 젊음보다는
중년의 중후함이
더 잘 어울리는
중년들의 삶의 공간이 열린다
그래서 난 이곳을
종종 찾는다

감미로운 향기의 작설차로
분위기를 세우고
전통의 민속주를
한 잔 두 잔 하다보면
은근히 취기가 오르고
그때 구성지게 들리는
우리의 가락

한오백년은
좌중의 분위기를
숙연케 하고
오늘도 인사동은
잔잔한 분위기의 낭만이 넘친다

5월의 소리

싱그러운 5월의 소리
저 산에서 들려온다
나무와 꽃과 새들의 합창소리
산사의 온갖 풍경이 어우러진
우리들의 자리

사랑의 무지개가 채색되고
저 자연의 아름다움에
5월의 소리는
힘을 더 한다

그 5월의 소리를 들으면서
우리는 행복한 미소를 짓고
사랑의 깊이를 다지며
깨닫는다.
우리들의 새로운 희망이다

4월의 그대

그대의 얼굴은
4월의 꽃과 같은
비단결 그 자체입니다

그대는 항시
4월에
새로 눈뜨는
백합꽃입니다

곱기도 하고
화사하기도 한
그대는
참으로 어여쁜 여인입니다

난 그대를 만난 후
사는 것이 즐겁고
행복을 알았고.
사랑도 배웠습니다

이 행복을 놓치고 싶지 않습니다
이 사랑을 잃고 싶지 않습니다
행복과 사랑을 위해

늘상 가만가만
그대 곁에 다가섭니다

4월의 그대는
순결한
옥玉의 모습
그대로입니다

한 송이 이름 없는 꽃

그대는 빠알간 장미였습니다
그 요염하고
아름다운 자태를 뽐내는
그런 장미였습니다

난
그런 장미 옆에 숨겨진
한 송이
이름 없는 꽃

그 아름다움 뒤에 숨겨진
날카로운 가시에
내 온 몸을 찢겨도
아픔이라고 생각하지 않습니다

그
자그마한
고통이
긴 희열이었습니다

난 장미 그림자에
몸을 숨기는

그것만으로도
마음이 편했습니다

한 송이 이름 없는 꽃이기에
그대를 향해
활짝 피어있는 것으로
만족하고 있습니다

난 지금도
그대가 가까이 있음을 고마워하며
그대로 인해 피어있는 한 송이
이름 없는 꽃입니다

한 송이 장미

그대는 한 송이 장미입니다
예전엔 장미가
이처럼 아름다운 줄 몰랐습니다
이처럼 어여쁜 줄 몰랐습니다
그저 담담하게
바라보았을 뿐이었습니다

한 송이 장미
한 송이 장미를
두 손에 쥐고
꼬옥 안아봅니다
따스한 온기가 전해져 옵니다

아름다운 향기에
애수 낀 나의 작은 가슴은
터질 것만 같습니다
행여 누가 볼세라
갑자기 누가 만져 상할세라

난 소중히
너무 소중히
그대 모습을 닮은
한 송이 장미를 보다듬습니다
아주 정성껏

그대를 그리며

그대의 얼굴이 초승달 되어
그대를 그리며
잠 못 이루는 내게 다가와
아련한 미소를 짓습니다

그대의 어여쁜 입에서
입으로는 이르지 못해도
눈으로는 애절히
사랑 고백을 하고 있습니다

이 텅 빈 가슴엔
어느새
그대의 따스함으로
채워지고

그대의 가슴은
희망이기에
가는 이 가슴에
희망의 봉우리가 자리를 잡습니다

이렇게 고요한 주위는
이 사랑의 애절함
밤이 깊어갈수록
더욱 짙어갑니다

이 밤
이렇게 깊은 밤에
그대의 넓고 깊은 품 안에서
영원히 잠들고 싶습니다

수목원의 사랑

떨어지는
개나리꽃의 향기가
너무 곱습니다

저 멀리 산을 넘는
석양의 모습이
너무 아름답습니다

가슴 속
추억의 노래가
더욱 절절합니다

그대와 손을 꼬옥 잡고
향내 그윽한
광릉을 찾고 싶습니다

울창한 숲에 쌓인 수목원에서
지는 해의 노을을
그대와 어깨동무 하고 바라보며

싱그러운
자연의 정취도
만끽하고 싶습니다

석양과 안개가 교차하면
가슴 속 사랑의 노래를
그대에게 들려주고 싶습니다

그대의
곱디고운 음성으로
사랑 노래를 듣고 싶습니다

옅은 어둠이 깔린 초저녁
밤하늘의 별을 헤며
입 맞추고 싶습니다

한 쌍의 연인을 위해
나즉히 잔잔한 바람이
불어옵니다

숲 나무 바람
그대와 내 사랑을
축하하듯이

고요한 주위는
밤을 향하여
바람 한 점

휘익
젖고 가는 그 곳에
그대와 내 사랑은 열매 맺습니다

새벽 창가에서

나는 오늘도
그대를 그리며
새벽 창가에 앉아 있습니다

사방이 무섭도록
고요한 이 밤
그 적막에 소스라칩니다

뭔가 가슴에 밀려드는 것이 있어
문을 열고 걸어보았지만
그대는 보이지를 않습니다

기다림은 어둠에 지쳐
까맣게 쓰러진 새벽 이슬만이
반길 뿐이었습니다

혹시나 하는 마음에
발걸음을 옮겨보았습니다
저 멀리 그대의 모습

서둘러 다가섰지만
그대는 뿌우연 안개 되어
날 감싸고 있었습니다

그대여
사랑하는 그대여
그대는 지금 어디에 계십니까

초승달2

외로운 그림자
길게 드리워
잠 못 이루는 밤

첫 키스의 황홀함에 숨이 막혀
내 창가 사랑나무 가지 위에
숨을 길게 토해내고

저 멀리 달님은 우스운 듯
살며시 미소 짓곤
초승달로 앉아 있네

그대와 나
마주앉아
행복한 미소를 나눌 때

밤하늘의 수많은 별들
하나 둘 사라져버리고
두 개의 작은 별만 남아

새벽 하늘을
우리 넷이
거닐잔다

야속한 님이여

늦은 밤
저 별을 바라보는 가슴엔
뭔지 모를 공허가
밀물처럼 밀려오고

가만 생각나는
그대 생각에
어느새 눈가엔
물기가 촉촉하네

이런 그리움을 그대는 아는가
가슴 속에 스며드는
고독의 그림자를
그대는 아는가

차라리
사랑의 소경이 되고
사랑의 귀머거리
되거나 할 것을

야속한 님이여
그대는 언제나 이런 내 마음을
달래 주고
감싸 줄 수 있겠소

사랑의 열병

온통 그대 생각에
하루가 천년 같습니다
이런 애심이 절절할 때면
당장이라도 달려가고픔 마음에
애가 탑니다

눈을 뜨면
그대의 음성이 귓전을 두드리고
눈을 감으면
그대의 모습이 더욱 더 선명히
떠오릅니다

하루에도 수없이 그대 생각에
하루가 천년 같은 나는
그대의
사랑의 포로가 되었습니다

사랑하는 이여
이렇게 온통 그대 생각에
사랑의 열병을 앓고 있는 내게
치료해 주실 이는
오직 그대뿐입니다

첫 키스

아련히 떠오르는
그날이 오면
그대와의 잔잔한 포옹
그대와의 첫 키스의 황홀함을
잊을 수 없습니다

날이면 날마다
사무치는 그대 생각에
그대 모습을 닮은
한 송이 장미를
내 마음의 꽃밭에 심습니다

사랑 속에 담은 그리움
사랑 담은 애절함을
함께 모두어
찬찬히
한 송이 장미를 심습니다

오늘도
내 마음의 꽃밭에 들어가
어여쁜 한 송이 장미를
보다듬고 입을 맞춥니다
첫 키스의 황홀함을 떠올리면서……

밝은 달아

달아 달아 사랑 달아
내 님 닮은
밝은 달아

오늘은 휘영청
밝은 달로 나타나
내 맘을 밝히누나
이 애절한 맘을 누가 알랴

달아 달아 고운 달아
내 맘 닮은 밝은 달아
오늘은 내 님에게
훤하게 비쳐주렴

타오르는 정열
뜨거운 열정의
사모하는 애심을
내 님에게 전해주렴

별을 보며

오늘따라 별은 유난히 반짝여
그대가 있는
밤하늘의 작은 별을
쳐다보았습니다

어느새
별은 그대의 얼굴이 되어
황량해진 나의 가슴에
가만 얼굴을 묻습니다

그대의 얼굴이
별이 되었기에
내 얼굴도
별이 되었습니다

두 개의 작은 별이
더욱 빛을 발하면
그건 별들의 사모곡
별들의 혼례식이라고 합니다

사방의 수많은 별들이
축하의 별빛을 보냅니다
저 별은 유성
저 별은 목성

한 몸 된 것을 축하하는
축복의 박수
사방에서 들려옵니다

오늘은 달이 되고 내일은 별이 된 그대

그대는 달님이어요
오늘은 그대가 산 넘고 물 건너
달님이 되어 찾아와
그대를 그리며
잠 못 이루는 내게
상큼한 미소를 보냅니다

그대는 별님이어요
내일은 그대가
느티나무 가지 위로
별님이 되어 찾아와
슬픈 미소를 머금는 내게
환한 미소를 짓습니다

오늘은 달이 되고
내일은 별이 된 그대는
수줍은 듯
사랑의 밀어를 속삭입니다
당신을 사랑하고
사랑하여요

그대의 그림자

난 그대의
그림자입니다
그대가 움직일 때마다
따라다니는
그림자입니다

한 낮엔
그렇게 즐거울 수가 없습니다
우린 그림자처럼
붙어 다니는 그런 사랑하는
연인이었기 때문입니다

전에는 노을 진 석양의 모습이
그렇게 아름다울 수가 없었는데
저무는 황혼에
내 그림자의 존재가 사라지기에
저녁이 되고 밤이 오면
그렇게 슬플 수가 없습니다

밤은 깊어도
어언 새벽은 오는 법
새벽이 오고 아침이 되면
난 그대의
사랑하는 그림자의 자리로 가기에
그렇게 행복할 수가 없습니다

아
난 그대의
그림자입니다

이런 여인이었으면

깊은 연민을 느껴
가만 다가서
꼬옥 안아주고 싶은
가슴 저미어오는
그런 여인이었으면 했다

친구처럼
어느 땐 애인처럼
그렇게 편하게 해주는
그런 소박함의
여인이었으면 했다

힘이 들 때
그냥 안쓰러워 눈물짓는 그런 여인
어깨를 다독거리며
자장가 부르듯
그렇게 사랑노래를 불러주는
그런 연인이었으면 했다

작은 것에 소중함을 알고
하나부터 열까지
맘을 생각하는
이런 연인이었으면
좋겠다

제2부

믿음에 따라

믿음은 들음에서 납니다
들음은
그리스도의 말씀입니다

믿음에 따라
하루가 천년이
천년이 하루가 될 수 있습니다

믿음의 친속들
식구들은 가족들은 형제자매들은
어느 삶을 선택 하시겠습니까

믿음 있는 삶
그리스도인은
믿음 있는 삶을 선택합니다

믿음 있는 삶은
주야로 말씀을 묵상하는 삶
늘 말씀을 입는 사람으로

복 있는
삶을 사시길
소망합니다

기도 응답의 조건

기도하면
기도 응답을 소원합니다
기도 응답에는
조건이 인내입니다

인내를 온전히 이루라
이는 너희로
온전히 구비하여
조금도 부족함이 없게 하려함이라

인내할 수 없다면
기도 응답도
먼 나라 이야기가
될 수 있습니다

문제에는
답이 있습니다
문제를 만나면
인내하십시오

인내는 쓰나
그 열매는
달 수 밖에 없습니다

믿음의 감사

믿음의 감사는
조건이 없습니다

감사함에는
조건이 있을 수 없습니다

무조건적
주님께서 명령하십니다

범사에 감사하라
순종해야 합니다

감사는 은혜를 아는 자의
마음의 열매입니다

그럼에도 불구하고
감사하십시오

감사한 만큼
우리의 삶이 따뜻하고
행복해집니다

주님을 찬양합니다

숨 쉬는 순간마다
주님을
찬양합니다

저 광야에서
만나로
우리 인생을 책임 지셨던

주님의 은혜를 감사합니다
부족함이 없는
예수님의 은혜와 사랑을
찬양합니다

주님
믿음으로 보고 듣게 하시며
믿음으로 말하고 감사하게 하소서
우리 주님을 찬양합니다

우리의 기도

우리의 마음에
천국의 생명수
흐르게 하소서

강 같은 평화를 허락 하소서
동전의 양면 같은 마음에
생명나무가 자라게 하소서

우리에게 생명을
주시는 분
예수 그리스도

우리의 삶에
주님의 생명수
강이 흘러

영혼이 잘 됨 같이
범사가 잘 되고
범사가 잘 되고

형통하게 하시며
강건하게 하소서
예수님의 이름으로 기도합니다

그 뜨거운 주님의 사랑

갈보리산 그 언덕
십자가 보혈의 피

사망권세 애절하네

죽음으로 꽃 핀 사랑
온 대지를 적시고

그 뜨거운 주님의 사랑
눈물같이 번져오네

예수님의 피
생명의 피

구속의 은혜
구원의 확신

묵상하며 감사하네
찬양하며 송축하네

사랑아 사랑아

사랑아 사랑아
너는 아니
십자가 사랑의 위대함을

아가페
목숨 바친
예수님의 사랑

그 지극한 예수의 사랑을
너는 아니
사랑아

그 어떤 부모가
자식을
사지로 내 모는가

그 어떤 당신이
자식을
죽게 놔 두는가

인간이
할 수 없는
그 사랑

하나님 사랑
예수님 사랑
십자가 사랑

사랑아 사랑아
너는 아니
예수님의 그 사랑을……

믿음 소망 사랑

그대의 마음 속에 빛나는
믿음이 있다면
나 그대의 별이 되리라

그대의 두 눈 속에 영롱한
소망이 있다면
나 그대의 달이 되리라

그대의 가슴 속에 잠겨진
사랑이 있다면
나 그대의 해가 되리라

믿음 소망 사랑이
하나 될 수 있다면

해처럼 빛나고
달처럼 별처럼 반짝이며

셋이 손잡고
에덴동산을 거닐 수 있을 텐데

감사

슬픔 속에는
작은 기쁨이 있습니다

기쁨 속에는
아픔도 포함되어 있습니다

아픔 속에는
작은 감사가 자리잡고
있습니다

주님께서 명령하십니다

범사에 감사하라고
순종하십시오
늘 감사하십시오

감사하면
현재보다 천 배나 많게
주십니다

축복은
감사의 문으로 들어오고
불평의 문으로 나갑니다

사순절

40이라
40일 동안
예수께서 광야에서
시험 당하시고

40일 간
시내 산에서
모세의 금식

40년 간
일주일이면 갈 거리
이스라엘의 광야 생활

40일의
예수의 죽음과
부활 승천

사순절은
그
부활절을 준비하는 절기

부활절 이전
8주간
40일을 사순절을 지킵니다

사순절에는
지은 죄를

회개하게 하소서

사순절에는
봉헌의
금식기도하게 하소서

주님 자녀로
우리 삶을 돌아보고
주님 곤란에 동참하게 하소서

사순절에는 구제하게 하소서
나눔과 섬김
실천하게 하소서

하나님 나라는
말에 있는 것이 아니라
그 말의 실천에 있습니다

우리 모두에게
행함의 믿음
허락하소서

예수님을
해처럼
닮아가게 하소서

하나님께 소망을 두세요

사슴이
시냇물을 찾는
갈급한 마음으로

내 영혼이
하나님을 찾아
당신을 갈망합니다

불안하고 두렵나요

불안해하지 마십시오
두려움을 갖지 마세요
낙심하지 마십시오

하나님께 소망을 두십시오
빛 되어 오신
주님이 도우십니다

그 분의 도우심으로
찬양하며
하나님께 영광 돌려드려요

주님, 나를 부르시네

주님 나를 부르시네
너를 부르시네

예수 믿고 구원 받으라고
우리를 부르시네

예수 믿고 영생 누리라고
깊이 부르시네

주님의 놀라운 은혜
그 사랑

주님께 감사
또 감사

예수 믿는 형제자매
영생 복락 면류관

영원히
확실히 받으리

예배를 회복하자

주일은 주님의 날
주님께 예배 드리는 날

예배의 처소는
믿음의 가족을 기다립니다

비대면 예배의
딱지를 떼러

예배의 현장으로
달려오십시오

무감각해진 신앙생활

비대면을 합리화시키는
신앙의 현장을
벗어나십시오

다시 한 번 믿음의 점검을 통해
예배의 자리로 귀환하십시오

그 예배의 자리에

뜨거운 찬송의 열기
말씀의 살아 역사하심의 은총

아멘 아멘의 함성이
회복되기를 원합니다

돌아오세요
예배의 자리로……

너희는 세상의 빛이라

너희는 세상의 빛이라

우리를 빛이라
주님은 말씀하세요

예수님은 십자가를 통해
우리를 빛의 자녀로

어둠에서 빛으로
인도하셔서
세상의 빛이 되었습니다.

이 어두운 세상의
빛의 자녀로
빛의 사명을 감당해야 합니다

성령 충만하여
예루살렘과 온 유대
사마리아와 땅 끝까지
복음의 빛을 비추겠습니다

생명의 빛은
하나님 사랑

어둠 속을 헤매는
불신자에게 생명의 빛을
비추어

하나님의 사랑을 전하며
그들을 빛 가운데로
인도해야 합니다

예수 그리스도의
빛을 비추어
천하보다 귀한
한 영혼을
살리는 일에

나의 모든 것을
드리고
바치겠습니다

내 양을 먹이라

베드로는
실패한 인생으로
자존감을 잃어버렸습니다

실패한 인생
자존감을 잃어버린
베드로에게
주님은 찾아오십니다

아흔아홉 마리 양 보다
한 마리 길 잃은 양을
더 귀히 여기셨던 주님

그 주님이 찾아오셔서
용기와
격려를 해 주십니다

소망을 더 하십니다
다시 주님이 묻습니다
베드로에게

요한의 아들 시몬아
네가 나를 사랑하느냐
베드로가 대답해요

주님을 사랑하는 줄
당신은 아십니다
그분은 말씀하세요

내 양을 먹이라
내 양을 먹이라
내 양을 먹이라
–예

아멘 아멘

신앙생활의 꽃은
아멘입니다

예배 중에
목사님의 말씀에
아멘으로 화답하면

말씀의 은혜의 바람이
불기 시작해
성령의 은총 파도가
춤을 시작합니다

어둠의 영이 물러가기
시작 합니다
아멘 아멘 하면
말씀의 역사가 폭풍처럼
임합니다

성령의 역사가 하늘 문을
열어
사탄의 세력이 한 길로 왔다가
일곱 길로 도망가지요
아멘을 넘어

아멘 아멘으로 화답하십시오
아멘 아멘 하면

하늘 문을 열어
은혜의 능력을 내리시고
땅의 길을 열어
그 힘으로 걸어가게 합니다

하나님의 기적

거친 광야에서
이스라엘 백성의 완성
하늘을 찌르네

척박한 땅
농사도 짓지 못하고
물도 없는 곳

많은 사람들
배고프고
목도 말랐다

목마른 사람의
그
계속되는 원망 소리

모세와 아론도
백성들을 뒤로 하고
하나님께 기도한다

하나님의 영광이
나타나게 해 달라고 간구하니
그 분의 영광이 나타난다

하나의 기적
하나님의 역사가
현실 속에서 나타난다

땅에 떨어진
거룩함을
다시 일으켜세운다

반석을 치니 물이 흐른다
목마름이 해결되었으나
원성이 잦아지고

현실에 안주하는 사람들
이것은 우리의 문제
우리의 모습
믿음 없는 우리의 모습

주님!
다시금
우리에게
믿음을 더하소서

내게로 오라

내게로 오라고
주님이 말씀 하십니다
수고하고 무거운 짐을 지고
명령하십니다

주님께 돌아오면
참 자유와 평화를 형통과 평강
쉼을 허락하신다
약속하십니다

다 내게로 오라는
주님의 음성을 듣고
주님께 돌아와요
그 분의 음성을 듣고 돌아오면

영원한 생명
구원의 은총
충만한 은혜
행복한 삶의 여정

쉼을
허락하시어
–편히 쉬게 되리라
주님을 찬양합니다

좁은 문

좁은 문으로
들어가라
주님께서 천명하십니다

멸망으로 인도하는 문은
길고 넓어서
모든 사람이 그 문으로 향하여

생명으로 인도하는 문은
길이 좁고 불편해서
찾는 사람이 거의 없습니다

좁은 문은 생명의 문입니다
예수님의 십자가 문이기에
가는 사람이 적습니다

선택받은 사람만
들어가요
아무나 들어갈 수가 없습니다

넓은 문은
모든 사람이 들어갑니다
마지막은 멸망입니다

생명의 문으로 향하십시오
천국의 생명으로 가는 길을
선택하는 사람은 소수입니다

예수님을 믿고
그 믿음으로 생명의 문을 지나
영생 복락 면류관
천국에 들어갈 수 있습니다

기도는 힘입니다

기도는 영적 호흡입니다
호흡이 있는 자마다
여호와를 찬양
여호와께 기도합니다

기도는 힘입니다
기도는 영혼을 소생케 하는
것뿐만 아니라
우리의 삶도 살아나지요

세상을 창조하신
하나님의 능력을 믿는
사람만이
기도할 수 있습니다

기도의 수고가
잠겨 있는 하늘 문을
열게 합니다

하늘 문을 여는 기도의 능력
쉬지 않고 기도함으로
모든 기도의 용사들
다 받게 되기를 소원합니다

| 수필 | 만남

우리는 재혼 부부입니다.
아내와 사별 후 1년 지나서 초등학교 동창인 재미교포 지금의 아내와 연을 맺었습니다.
초등학교 5학년 8반, 같은 반 친구였고 반장과 부반장을 했었으며 제 기억으로는 지금의 제 아내에게 프로포즈를 했었습니다.
"우리 어른 되면 꼭 결혼하자."
그렇게 세월이 흘렀습니다.

젊었을 때 미국으로 이민을 가서 살고 있던 그녀가 초등학교 동창회를 참석하게 되었습니다. 2007년 가을이었습니다.
동창회에 참석했던 그녀에게 친구들이 질문했습니다.
"초등학교 친구 중에서 누가 제일 보고 싶어?"
"응, 5학년 때 반장했던 유성목"
그렇게 해서 어릴 적 첫사랑 친구를 만나게 되었습니다.

2008년 12월초, 미국에서 첫사랑 초등학교 친구가 한국을 방문한다는 연락을 보내왔습니다. 가벼운 수술 차 방문하는데 한 달 정도 푹 쉬었다 간다고 하였습니다. 병원에 가서 진료를 하니 간단한 수술이 아닌 난소암 3기 판정을 받았고 급히 암수술과 6개월에 걸친 항암 치료를 받아야 한다는 소식을 전해왔습니다. 그 당시 제 아내도 폐암 3기 판정을 받고 치료 중에 있었습니다.
그렇게 2년이 지났습니다. 아내는 하늘나라로 홀연히 떠났습니다. 초등학교 첫사랑 친구는 한국에서 치료를 끝내고 미국으로 돌아가 있었습니다.

그 친구와 제가 돌싱이 되어 1년이 지날 무렵 저는 미국에 있는 그 친구에게 전화로 프로포즈를 했습니다.

"우리 결혼하자."

우리는 부부가 되었습니다. 물론 결혼 전에 가족들의 결사적인 반대가 있었습니다.

어머니는 제게 미친놈이라고 했습니다.

"네 마누라도 폐암으로 세상을 떴는데 난소암 환자와 결혼을 해."

울며불며 안 된다고 했습니다.

제 자녀들도 "왜 하필 난소암 환자에요. 난소암은 예후가 안 좋아서 생존율이 짧다고 하는데, 다시 생각해보세요."

가족회의를 했습니다. 그리고 선언했습니다.

"선택과 결정은 내가 한다. 선택 후의 운명은 내가 받아들인다."

우여곡절 끝에 2012년 7월 7일 저녁7시, 한국에서 혼례를 치르고 우리는 부부가 되었습니다.

돌아 돌아 45년만의 첫사랑 5학년 8반 친구를 다시 만나 극적인 결혼을 한 것입니다.

지금 아내와의 만남은 지금 아내와의 재혼은 제게는 큰 축복이었습니다. 내 인생의 복덩이를 만나게 해주신 주님께 늘 감사드립니다.

결혼 후 아내가 시작한 카페 마디쪼는 10평에서 시작하여 지금은 40평 규모로 성장했고 10년여를 성공적으로 운영해 오고 있습니다. 하나님은 우리 부부를 축복해 주셨습니다. 60대 중반이 넘도록 일을 하게 해주셨고 '코로나' 라는 복병을 만났지만 지혜롭게 이 난국을 타개해 나가고 있습니다. 하나님은 건강의 복도 주셨습니다. 난소암의 경우 생존율이 2년에서 5년을 넘지 않는다고 합니다. 그러나 그 사선을 넘어 12년이 지난 지금 현재까지 너무 건강한 모습으로 아내는 살아가고 있습니다. 완치 판정까지 받았습니다. 얼마나 감사한지요.

이제 우리 부부는 덤으로 살아가는 인생이라 생각하고 늘 감사하며 살아가고 있습니다. 앞으로도 계속 감사하며 살아갈 것입니다. 늦게 만나 늦게 시작한 저희 부부이지만 앞으로의 남은 인생을 50년으로 생각하고 알콩달콩 그렇게 살아갈 것입니다.

늦은 만남을 허락하신 주님을 찬양하고 경배합니다.
이 만남을 허락하신 주님께 감사합니다.

제3부

그냥 아침이 좋다

마지막 작은 조각의 빵을 입에 넣고 씹으면서 순간 웃는다. 누가 보면 꼭 먹기 위해 사는 사람 같다.
이틀 동안 아침부터 저녁 6시까지 미팅이 있었다. 아침 일찍 일어나 현미 조 야생 찹쌀밥을 지어, 무장아찌와 강된장을 속에다 넣고 주먹밥을 만들어 과일과 함께 이틀을 점심으로 먹었다. 물론 넉넉히 싸서 옆 사람들과 즐기면서 함께 하였다.

돌아오면서 10월 초에 원주로 이사 간다는 친구가 사는 서래 마을로 갔다. 이러다가는 정말로 너, 잘 갔니? 할 것 같아 생각과 동시에 발이 옮겨졌다. 우리가 잘 가는 Ofete에서 초코렛 케익과 커피를 했다. 머그잔이 특히나 커서 맘에 흡족, 게다가 쇼 커트가 유난히 세련되게 보인다.
벌써 재작년이 되었네. 흥분한 얼굴로 거의 까맣게 되어서 나를 찾아 온 친구는,
–왜 하필이면 내가 유방암이니? 이건 공정치 않아. 말도 안 돼.
조용히 바라만 볼 수밖에 없다. 같이 그렁그렁 눈이 축축해진다.
이미 드러난 일에, 흥분은 내 에너지만 소모되고 내 모습이 남에게 보여진다는 것을 알기에 그냥 꼬옥 안아주었다.
–별 것 아니야! 좀 지독한 독감 같은 거야.
서울대 병원에 함께 가서 그녀는 입원하고 수술도 잘 진행되었다. 항암치료 방사선, 또 뭐더라 여러 주사들이다.

머리 문제는 잠시 놀러가서 모자 가발도 사고, 오히려 하나씩 마주하면서 차분한 마음까지 생겼다. 마치 부페에 가서 음식을 결정하려고 들여다보는 여유까지 생겼다. 그녀의 넘치는 자존심이 가끔 내게 빈혈을 일으키기도 한다.
서래마을에서 오래 살았는데 공기 좋은 원주로 이사를 가서 2년 정도 살다 온다고 한다. 자주 못 보아 마음이 빈 듯하다.
한참을 공사하더니 멋진 유럽풍의 크로와상이란 카페가 눈에 띈다. 많은 사람들이 줄을 서서 빵을 산다. 영화에서 보는 버겟트를 종이에 싸서 품에 끼고 가는 사람,
이름도 모르는 콧소리 나는 이름의 불란서 빵보다 그저 거친 크렌베리 호밀 빵을 좀 비싸다 싶은 느낌으로 샀는데, 아침에 먹어보니 제법 맛이 있다. 흠…….

저녁에 돌아오는 길에 그 친구와 우리 집 앞 공원에 차를 대니 찬기가 느껴질 정도로 바람이 차다. 우린 차 안에서 맥더널 커피 마시며 친구들 이야기, 여고 때 이야기, 거의 나는 듣고 묻는 정도였다. 내 나이의 중간이 무 자르듯이 뚝 잘라져있어서 공감대가 없지만, 우리는 그저 즐겁다. 그래서 우린 20대 이전이다.
우리가 헤어지면서 하는 말, 세상엔 맛있는 것 많은데 어떻게 죽니? 다 먹어보자!
—ㅎㅎㅎ
무슨 구호처럼…….
우린 그렇게 새로운 일들을 맞으면서 보내면서 지낸다. 지

나간 일들은 바람결에 보내고 앞으로의 일에 가슴이 뛴다.
산다는 것은 보내고 새로 맞고 그런 반복이 아닌가도 싶다.
"레이시! 울 옆집에 메밀집 죽여주는데 있어. 점심 먹자."
이 말을 기다릴 것 같다.
아. 난 이래서 아침이 좋다. 무슨 일이 늘 있을 것만 같아서…….

아침을 맥에서

아침 일찍 서둘렀다. 여의도에서 아침 9시부터 교육이 있어 집에서 가려면 멀기도 하지만 서툰 지리에 이런 날이면 몸도 마음도 분주하다. 해서 인사동으로 아침 6시 30분에 떠나서 24시간 한다는 맥도널드에 가서 오라버니가 나 때문에 덩달아 서둘러주고 아침식사에 뜨거운 커피까지 고마웠다. 정말 이곳에 와서 새벽의 아침을 맥도널드에서 처음으로 맞는다. 마치 고향에 온 것 같이 마음이 차분해지고 들뜬다. 그렇잖아도 명절을 아이들과 함께 못해서 그리움이 일든 차에 아침의 맥도널드는 내게 한 모금의 해결 제 같다. 조금씩 환해진다. 게으른 아침 햇살이다.

큰 오라버니와 나는 나이를 넘어서 이런 저런 잡동사니까지 다 화제다. 늘 그렇듯이 어릴 때는 생각치도 못했는데 같이 늙어가며 함께 지낼 줄 누가 알았겠냐며 한숨이 섞인 앞으로의 시간들…….
그러다가 결론은 언제나 그래도 지금이 행복하다. 더도 덜도 말고 지금의 마음 같아라 하고 웃는다.
오누이의 대화는 게으른 햇살 독촉으로 바이~ 하고 인사로를 걸어서 전철로 옮긴다. 바싹 마른 나무 밑을 지나다가 내 머리를 스치는 가지에 놀라 한참 웃었다. 조금만 당겨도 벗어지는 내 모자가 어쩌면 걸려서 달려있고 난 그냥 가다가 싸늘함에 화들짝 놀라는 내 모습과 다른 사람들의 웃음이 겹치자 웃을 수 밖에 없다. 다행이다 싶다가 장난기 발동이다. 그랬어도 웃을 일 밖에 없다.

또 아침을 맞는다. 어깨에 숄을 걸치고 커피를 입에 머금고 돌리다가 삼킨다. 다른 나의 커피 미학이다.
그리고 아득한 공간을 아우르는 수많은 눈빛들의 자유를 품어도 보고 싶고 텅 비어있는 나의 흠집 안에도 터질 듯한 희망을 넣어보고도 싶은 그런 아침을 난 시작한다.

함박눈이 오네요

오늘은 낮에 광화문에 나가서 봉사하는 날이다. 가는 길에 인사동에서 점심을 먹을까하다가 건물 지하에서 묵비빔밥을 먹고 들어가니 지난 한 달 자리를 비웠던 파트너가 돌아왔다. 반갑다며 선물이라고 내어주는 것이 산삼 드링크다. 꿀꺽하면 끝나는 작은 양이지만 대단히 효과가 있단다.
–나중에 먹을 게요.
지금 먹으란다. 모르겠다. 열이 오르던 말 던 산삼이라니 좋겠지.

많은 사람들이 서류도 만들고 여권도 만들고 외국 사람들도 많이 드나드는 곳인데 정말로 곱고 멋진 할머니 두 분이 한국에 등기부 등본을 만들고 돌아가시다가 물을 드시는데 양말과 레깅스가 떠서 발목이 나왔기에 내가 앉아서 레깅스를 내려 드리고 양말을 땡겨 드렸다. 마음이 놓인다. 돌아가시는 것보고, 인사드리고 나도 자리에서 일어나는데 사진이 있다. 열어보니 그 할머니들의 사진인데 꽤 화려한 행사 사진이다. 가고 안 계셔서 등록부에 가서 확인하고 전화하니 안 받으신다. 전화가 되면 우편으로 보내 드려야겠다. 일이 끝나 내려오니 의자에 앉아 두 분이 이야길 나누신다. 얼른 가서 전해 드리니 반가와 하시고 좋은 덕담을 해 주신다.
내 이름을 달라고 기도 해 주신다는 분은 뉴욕에 사시는 분이고 대단한 분들이 듯 말씀이 고상하시다. 가방에서 귤도 내어 주신다. 사는 곳도 물어보고 한번 들르라고 하시어 인사하고 돌아오는 길 함박눈이 쏟아지네.
함박눈은 이럴 때 기분을 더 업 시켜주어 눈같이 가벼워짐을 느낀다.

작은 본보기

일년 넘게 이곳에 살면서 지하철 카드가 없어 늘 탈 때마다 표를 사야하는 번거로움이 있었다. 드디어 나도 카드를 만들었다. 여러 가지로 편하다고 한다. 택시비도 낼 수 있고, 하나면 해결되는 교통 해결사인 셈이다. 환승이란 것도 있어 30분 내에는 무엇이든 연결 된다고 한다. 대단한 나라다. 카드도 있겠다. 이용해야지 하면서도 잘 못하고 있었다. 드디어 기회가 왔다.
갈 길은 가깝고, 허나 어중간 한 장소라, 학동서 7호선 타고 내려서 강남역에 가는 마을버스가 있기에 좀 떨렸지만 묻고 타니 된단다. 올라가면서 아무리 찍어도 에러가 나온다. 할 수 없이 걸어도 되는 거리를 700원을 넣고 가게 되었다.
–아, 지하철이 내 체질이다 싶다.

나는 지하철을 좋아 한다.특히 사람들 모습들을 보기를 좋아 한다. 반짝 잠도 허용되는 편안함도 있다. 분명 앞 사람 신발이 분홍이었다가 눈을 뜨고 보니 검정색 신이다. 그런데도 지나치는 법이 없이 내릴 때는 눈이 떠진다. 내가 신통하다. 일주일에 한 번은 안국역으로 가다. 요즘은 자리가 있어도 아에 앉질 않는다. 팝송에 보면 남자들이 하늘에서 비처럼 쏟아져 내려온다는 말처럼 요즘의 지하철은 많이 연세 드신 남성분들이 쏟아져서 들어오기 때문이다.
타임머신을 타고 30년 뒤에 지하철을 타니 온 통 노인들인데 지금의 노인석에 붙어있는 글이 '천연기념물 좌석' 이란다. 아이들 좌석이란 뜻이다.

그 분들은 거의 좌석을 지정석처럼 앉는 당연함과 자리에 앉아 꾸벅 거리는 아이들에게 호통도 치신다.
-어른도 모르고 예의 없다고……. 난 귀를 막는다. 눈을 감는다.
그런데, 멋진 어르신을 보았다. 이 분은 노인이 아니라 정말 어르신 이다. 학생이 피곤해서 손잡이를 잡은 채 졸고 있으니 얼른 자리를 내어주며
"공부하기 힘들지?" 하며 웃어주신다
물론 학생은 거절하고 미안해하니, "난 내릴거야" 하며 마음의 부담도 덜어주신다.
궁금해진다. 정말 내리실 곳인지 아님 내리셨다가 다시 타실 건지. 아마 후자일 것 같다. 이런 분을 뵈면 나도 모르게 가슴이 뛴다. 내 눈이 맑아지고 귀도 열린다. 밝은 모습이다. 미래의 모습이다.

이 작은 본보기가 잔잔이 퍼지면 가끔 올려지는 갈등들도 해결 되지 않을까 싶다. 어른들이 먼저 미안하다고 마음을 열면 무엇이든 해결이 된다는 것을 나는 안다. 작은 모습에서, 나는 무엇의 본보기가 되었고, 되어야 할까 생각해 본다.

행복 바이러스

오늘 날씨가 마치 눈이 올 것 같은 기세입니다, 으레 이런 날은 아침이 분주해 집니다. 집에서 보다 밖에서 커피도 마시고 싶고 누군가가 함께였으면 하고 바라는 날이기도 하지요.
1시간 먼저 나와서 교회 가는 길의 맥도 널에서 모닝 세트에 커피 한잔 하면서 태산 같이 높고 큰 아파트를 보면서도 아무런 느낌이 없는 다른 습관이 생겼습니다.
하늘은 전혀 볼 수가 없고 막힌 콘크리트의 성냥갑을 보면서도 답답한 보담은 친숙하고 이제는 막힘이 없이 음식도 잘 넘기는 단계까지 온 듯합니다. 생활이 습관을 낳는 듯하다.
"추수감사절 날 언니 무드가 좀 그렇지요? 저녁 함께 할까요?"
"어찌 알았어? 나 좀 그랬어."
그래서 우리가 만난 곳은 압구정 제과점이다. 성당 앞이라 미사 시간 하고 겹쳐서 인지, 한가하진 않았지만 그 틈에 껴서 맛있는 빵에 크림치즈 발라 먹으면서 젊고 똑똑한 그녀의 생각을 들을 수 있었지요. 나는 연실 고개를 끄덕이면서 마음으로 받아들이기 시작 하였고 잔잔히 번지는 행복함이다.
나이 어린 사람에게도 많은 것을 배울 수 있는 내가 행복 했지요.

내가 명명한 그녀는 행복 바이러스, 그녀를 보니 행복했다.
그녀의 모습은 오래 전에 보았던 남과 북이란 미국 드라마 시리즈에서 남군 귀족의 딸로 흑인과 결혼해서 큰 물의를 일으키던 그녀와 많이도 닮았네. 그녀가 머리에선 가물대는데 이름은 기억에 없다. 너무나 인상이 깊어서 그녀의 눈빛을 잊은 적이 없다.

이렇게 그녀를 통해서 보다니, 유난히 노오란 눈동자에 꽉 다물면 얇은 입술이 의지를 보여 주는 것 같은 강한 느낌의 그녀를 더욱 더 받쳐 주는 듯하다. 오늘 아침 예배에 어제의 만남을 감사했다.

우리는 헤어질 때도 으스러지도록 꽈악 껴안고 헤어진다. 만남의 축복을 감사해야 한다.

오늘도 누구를 만나던지 감사할 수 있었으면 좋겠다. 나도 그녀처럼 행복의 바이러스를 주고 싶다.

내 그리움에

어제는 교회에서 추수감사절 예배를 드렸다. 한 이틀 준비해서 미국식으로 하려 했는데 칠면조를 구하지 못해서 대신 닭으로 하였고 그레이비 소스가 없어서 버터에 밀가루 넣고 볶다가 고기 국물 넣고 된장을 약간 풀어 소스를 만들고 마시 포테이토, 고구마, 디너 롤, 호박 파이. 어른들은 나중에 밥과 김치를 드셨고. 아이들은 라면을 끓여 먹는 일도 있었다. 난 정말로 많은 사람들이 먹어야하기에 준비를 꽤 했어야 했다. 테이블보에 냅킨까지 준비하고 그리움에 내 마음처럼 했던 것이라 그냥 자족하기로 했다.
그리곤 지금 지난 추수 감사절엔 어떤 일이 있었을까 하고 살펴보니 매 추수 감사절에 적은 나의 일기에서 하나만 꺼내어 올려보려 한다. 지난주에 이곳으로 돌아 왔건만 다시 그리움으로 이미 캘리에 가 있다.

이번 주 목요일이 추수 감사절 모두 행복한 시간이길 바라면서 우리 가족들과 한 약속이 있다. 추수감사절에는 언제나 우리 집에서 온 가족이 함께하고 크리스마스, 새해 등은 각 가족하고 지내라 했다. 이유는, 약간의 번거로움도 그렇고 경험으로 보아 각자 하고 싶은 계획도 있겠다 싶어서이다. 또한 우리 부부만의 오붓한 시간도 필요하다
올 추수감사절에는 특별히 다른 가족들, 혼자 있는 유학생, 싱글을 초대하지 않아18 파운드의 칠면조를 사서 하루저녁 소금물에 간을 재워 놓았다가 물기 내리고 오븐에다 굽기 시작했다. 나머지 시간은 큰 며느리가 와서 마무리를 해 주었

다. 나는 그 날이 소위 대목 보는 날이라 나가서 일하고 돌아오니, 다 준비해 놓아 테이블 정리하고 가게에서 돌아 올 그를 기다렸다. 돌아온 그와 함께 가족이 모여 손을 잡고 기도하려는데 5살 난 손녀가 기도하겠단다.

"하나님 감사합니다. 가족이 모여서 음식을 함께하게 해 주심을 감사합니다. 저희에게 좋은 할머니 주셔서 감사합니다. 아멘!"

솔직히 그만 내가 눈을 뜨고 말았다. 마음이 싸~안하니 어찌 어린아이가 그런 기도를 하다니, 지금도 그 모습이, 그 목소리가 내 마음 속에, 늘 가슴 안에 남아있다. 아이는 어른의 아버지라 했던가, 그 한 마디가 사람의 일생을 바꾸기도 한다.

오히려 내가 이 손녀들을 주셔서 감사하고, 부족한 제게 이런 아름다움을 누리게 해 주시니 감사하고, 주신 모든 것에 고맙고 감사하다. 추수감사절에는 늦은 시간이었지만, 우리 모두가 한 마음이 되어서 아름답고 행복한 손녀의 기도로 아름다웠다.

집으로

어제 오후에 이곳 엘에이에 도착해서 페스트라미 샌드위치로 칠리 후렌치 후라이로 저녁을 하고 이곳에서 나 없는 사이에 유명해졌다는 85도 빵집에 들러 커피하고 가까이에 있는 친구와 담소 나누다가 집으로 돌아오니 갑자기 밀려드는 한기에 이불 속으로 들어가 누웠다가 그야말로 푸~욱 잤다.
아침에 깨우는 소리에 내려가니 버섯으로 키웠다는 포도 요구르트, 고구마 삶은 계란, 그리고 만두국이다. 어제 먹은 것도 속이 아직 비워지지 않아 속으론 먹지 말아야지 하다가 정리까지 하게 되었다.
샤워하고 머리 마르는 사이에 창문을 열고 밖을 보니 서울서는 찾아볼 수 없는 고요함, 늘 습관처럼 지내다가 서울에서 봄에 이곳에 왔을 땐 적막감 때문에 오히려 답답함 마저 들었었는데 이번에는 그 고요함이 평온을 준다.
비행기 안에서 아주 특별한 젊은 사람을 옆자리여서 지루함도 모르고 우리들의 우연한 만남에 서로 반가와 즐거워했다. 사람의 만남은 귀한 것 인지 아직도 여운이 남아있다. 나와 같은 지역에서 사는 공감대와 가슴과 머리 소통이 되었다는 기쁨에 책 첫 장에 서로 짧은 글과 연락처를 교환했다.
무슨 싸인회 하듯이 싸인을 하였다. 귀한 만남을 주신 주님께 감사를 드린다.
지인 분들께 먼저 인사 해야지 하는데 전화기 배터리가 다 소모되었다. 출발할 때 잔뜩 넣었는데 아뿔사 충전기를 놓고 왔나 아무리 찾아도 안 보인다. 완벽하게 한다 해도 언제나 그렇다, 나가서 꼭 맞춤 충전기를 사니 24불이다.

아침 11시에 뮤리에따에 사는 동생이 온다. 늘 에어로빅으로 몸을 잘 가꾸어서 아직도 44를 입는 얄미운 주부 틈에 끼는 동생, 모든 조건이 잘 갖추어진 52세의 동생은 오늘은 내게 무슨 말을 할까? 우선 위에서 아래까지 훑어보다가 무어라할 게 뻔하다. 올 시간이 되었으니 나도 좀 찍어 바르고 모양도 내야한다.

어제 있었던 매력 있는 옆 사람의 있었던 이야기는 개봉박두 하하 기대하셔요. 기분 좋은 하루 보내세요.

또 다른 시간

베이글 약간 굽고 양상치 허니 햄 치이즈 토마토 넣고 커피는 인스턴트로 뜨겁게 해서 아침을 먹었건만 허하다. 늙은 여자의 늘어진 눈썹모양 늘어진다.
지금 이 시간이면 교회에 도착해서 준비하고 교우들과 눈 맞추고 있을 시간, 지난주 거짓말로 나는 이미 캘리에 있는 몸이다. 아들에게 전화하니 어디 갔는지 받지 않고 동생에게 전화하니 도착해서 이튿날 아리조나 가자고 한다. 일단 그러마했더니, 내 목소리가 밝지 않은지 싫으면, 바람 쏘이러 간다 생각하고 아침 일찍 가서 밤에 오자 한다. 그래 아이구 노느라 거짓말 더는 안 하고 싶다.
늘 시간을 나누고 일을 계획해서 살아서인지 이렇게 뜨는 시간을 나는 조절을 못한다. 한가한 시간이 주어진다면 한다고 늘 벼르던 일조차도 아예 까맣게 잊는다.
그래서 그냥 시간을 보내는 일도 왕왕 있었다. 낼 아침에 짐 부치고 샵에 잠시 갔다가 공항으로 가기로 정해진 것이라 오늘 즈음엔 짐도 다 싸야하지만 하지도 않았다. 짐도 없다며 별로 할 일이 없다는 상황에만 맞추고 있는 나의 모습이 분명 여유로움은 아닐 터이다.
걸레를 바닥으로 던졌다. 5개로 각각 닦는다 싶어 우선 목욕탕부터 닦고, 바닥을 손으로 걸레질하고 땀이 나면 샤워로 마무리하고 밖으로 나가자 싶다. 이것도 자판 두드리다 그리 생각이 정리되었다. 한가한 시간이 이렇게 나를 더 무력하게 만드는지 모르겠다. 손을 머리 위로 쭉 뻗어서 몸을 길게 뽑고 흔들거려 스트레칭부터 하고 노래 부르며 청소 시작하고 즐거운 마음으로 밖으로 나가서 나를 위한 점심 먹고 나갈 때 오늘은 걷고 지하철 타고 다녀야겠다.
사람들도 제대로 구경하고 표정들도 보고 하하 웃는 하루를 만들고 연출하자.

아~~자!!!

짝사랑

새벽에 이불 속으로 들어간 것을 보면 날씨가 추워진 듯하다. 얼굴에 긴 자국을 하고선 내가 왜 그리 잠에 빠졌나 했더니 어제 남의 짝사랑 얘기 듣다가 홀짝 한 것이 이유인 듯 짝사랑이다.

된장찌개에 호박 넣고 풋고추 넣어 바글바글 끓여서 아침밥을 먹고 어제의 그 짝사랑을 생각하며 정말 남자들이 가을을 타긴 타는가 보다.

그것도 50이 넘어서 오는 상실감. 그래서 깊이 넣어두어 잊고 살았나보다 싶다.

툭 불거져 나와서 더욱 더 외롭게 만들어지는 50대는 성공한 만큼 외로움도 상실감도 큰 것 같다. 내가 하는 샵이 좀 큰 듯해서 아는 동생에게 피부 샵을 서브리스 전전세를 주었다. 저녁인데 두 번째 보긴 해도 얼굴만 보고 잠시 인사 정도 했었다.

저녁을 함께 하잔다.

빼지도 못하고, 저녁 먹을 시간이라 함께 중국 레스토랑으로 가게 되었다.

정식을 시키고 차례대로 먹는데, 난 얼굴을 제대로 보지 못하였다. 왜냐면 그녀는 싱글이고 그 분은 옆지기가 있는 듯 분위기 때문인지 자신을 소개하면서 그녀에 대해 얘기한다. 자기가 12년 동안 그녀를 보았고 선녀 같은 느낌을 떨굴 수가 없다고 한다. 그런데 그 표현이 정확하다. 내가 처음 볼 때의 그녀에게 탈런트냐고 내가 물을 정도였었기에 그녀에 대한 미인론은 마음이 더 예쁘다고 그러곤 자기가 아내 있기에 늘 바라만 보고 있다고 하곤 자신이 팔불출이지요? 하고 내게 묻는다.

–아, 네. 후후

그런데 그 사람의 슬픈 짝사랑은 다른 곳에도 있었다. 쌍둥이 남매와 군 장교로 제대하고 사업을 하여 기틀을 잡고 비록 그녀를 짝사랑을 하고 있어도 나름대로 가정 지키고 헛된 짓은 안 했는데 29살인 딸이, 올 봄에 갑자기 고열이 나서 병원에 갔다가 퇴원하고 다시 입원하고 그러더니 며칠 만에 바로 하늘나라로 갔다고 한다.

정말로 멀쩡하고 좋은 직장에 다니던 딸, 자신에겐 대단히 가깝던 딸이어서 이럴 수도 있나 싶어 믿어지지 않는 사실에 정신이 나갈 것 같았다 한다. 가슴에 묻고 살기엔 맨 정신으로 있을 수가 없었다 한다. 가끔은 그녀가 친구처럼 곁에 있어 위로가 된다한다. 온 종일은 아니더라도 늘 마음이 아프고, 찔려서 술을 안하고는 살 수가 없다고 한다.

그 이후 아내와도 점점 멀어지고, 집에 가면 담배를 피우기 시작해서 하루 두 갑을 피운단다. 알 것 같으면서도, 모르겠고, 답을 줄 수도 없고 나는 가슴이 답답했다. 아마도 그 사람에겐 딸이 영원한 짝사랑일 게다. 짝 사랑이란 없다고 생각해 온 나 이다. 상대의 마음까지 내가 상관 할 수 없다 라는 생각을 해서인지

사랑은 언제나 상대적이다. 말하자면 돌아오지 않는 메아린 없다는 생각이었다.

이쪽에서 탁구공을 서브해서 보냈다 계속 돌아오지 않는다

면 김 빠지고 힘이 떨어지듯이 열심히 앞만 보고 살았는데 50이 되어 그것도 가을이 되어 뒤를 돌아보니 그렇고 그렇더라는 남자들의 이론이 영 틀리지만은 않다. 게다가 무조건적인 대상인 딸이 곁에 없다면 더욱 더 크리라는 것도 느껴진다.

사랑하는, 사랑했던 사람이 있다는 것은 행복한 일이라는 걸 아픔이 있는 짝사랑일지라도, 헤어진 사랑이었다해도 대상이 살아있다는 것 자체로도 살만한 이유가 있지 않나 싶다. 아무튼 가을은 이래저래 마음이 흔들거리는 짝사랑 같은 것 같다. 그래서 바라보는 것만으로도 가을은 좋다. 후한 짝사랑도 후한 지나간 사랑도 꺼내보는 후한 가을이기 때문이다.

거짓말

날이 비 온 뒤라 쓸쓸하게 느껴져, 있는 야채 넣고 마른 새우 약간 넣고 소금으로 간하곤 끓을 때 고구마 전으로 풀어 약간 껄쭉하게 하고 계란을 풀어 수프를 만들어 오라버니 아침 식사에 곁들어드리고 잠깐 들어와 컴퓨터를 보는데, 아니 우리 지란지교 해외방이 다들 단풍놀이 가셨는지 안 계셔서 또 이 레이시가 주절이 아침 인사합니다.
난, 낼 진짜 단풍놀이 갑니다.
매 주일은 큰일이 아니곤 꼭 지키는데 집인 캘리로 돌아가는 날짜가 24일로 잡혀있어서 일도 일이지만 주일도 꼬옥 지켜야하는 내게, 연세 드셔서 데이트하시는 오라버니의 그 여자 분이 어디론가 단풍데이트를 하시려는데 쑥스럽기도 하대요.
오라버니가 재미가 없어서 그리고 두 분이 결혼하시면 함께 있을 시간도 없으니 무조건 가야 한단다. 에궁 그 쉬운 데이트도 못 하시나. 걷다가 이야기 하다 차 마시고 추우면 팔도 끼고, 눈 마주치면 웃어 보이고 지난 얘기도 하는 거죠. 아이들 얘기도 하고 가다가 벤치가 보이면 앉아서 지나가는 사람들 보면서 숨도 고르고 뭐 이런 것 아닌가.
할 수 없이 두 분의 결론을 위해 함께 가기로 하고, 교우에게 내가 거짓말을 했지요. 오늘인 15일 밤 비행기로 갑자기 가게 되었다구요. 옳은 일이 아닌 줄 알면서 두 분을 위해서 재미없는 오라버니의 사랑을 위해 가야만 하는 단풍놀이 갔다 오고 일주일은 근신하는 마음으로 지내야 할 것 같아요.
나이 들어 하는 사랑은 이렇게 마른 데이트해야 하는지, 아님 너무 신중해서 심각하거나 내가 생각할 때는 더 재밌을 것 같아, 이왕 다녀오는 것 거짓말 뒤로 얻은 단풍놀이, 잘 다녀올게요.

좋은 주말, 행복한 주말 되세요.

오늘 소풍 가고 싶었다

멕시칸 치이즈 인 후레시 케소. 엔칠라다소스. 블랙 올리브 그리고 똘띠아를 샀다.
양파를 사서 잘게 썰어야하는데, 아무리 생각해도 한 바구니 눈물을 흘릴 것 같아
품위 유지에도 지장이 있을 것 같고, 옆집 레스토랑으로 가서 살살 애교로 듬뿍 얻을 수 있었다.

쌩~ 하고 집으로 와서 기름을 끓이고 똘디아를 한 장씩 살짝 튀겨서 엔췰라다 소스를 바르고 양파, 올리브, 치이즈를 넣고 살짝 말아서 넓은 파이렉스에 나란히 담고 나머지 치즈와 양파, 올리브를 흩어 뿌리고, 다시 소스로 덮고 오븐에 20분 굽는다.
얼른, 그 사이에 씻고 잠시 정원에 들어가 눈인사하고, 옷 갈아입고 쌩~하고 먼 거리로 운전하고 간다. 아니, 그 사이에 비가 살짝 왔었는지 가는 길이 얼마나 깨끗한지 내 눈이 순간 밝아졌나 싶게 모든 것이 맑게 보인다. 마음도 가볍고 그냥 이 길로 어디론가 그냥 가고 싶다.
"밖을 보았어? 얼마나 맑고 이쁜지 나 소풍가고 싶다."
그냥 가까운 친구에게 전화. 정말 내가 마음의 여유가 없었던 걸까. 어쩜 하늘은 내 의사하고는 상관없이 이렇게 맑을까 싶다. 하루를 똑같이 매일을 사는 나의 생활에 작은 반감도 생긴다.
아. 그냥 이대로 소풍가고 싶다. 내가 가려고 하는 곳은 오늘 우리 목장 모임이 있다. 거의 한 달을 참석을 못하여서 사죄

의 뜻으로 먼 거리여서 무리다 싶었지만, 음식 한 가지 해야겠다고 해서 바삐 움직인 오후였다.

지금은 좋은 시간 갖고 좋은 사람들에게서 좋은 말씀 듣고 배도 든든하고 게다가 마음도 든든해져서 잠시 들어와 오늘 이야기를 적어본다. 난 이런 날은 겁도 없이 용감해진다. 늦은 시간인데도 뭐 할 일 없을까하고 머리 굴리는 밤, 밤이다.

대명항을 다녀오다

가게 앞에 아스팔트 까느라 먼지 소리 게다가 냄새, 도저히 버틸 수가 없어 마침 손님도 가고 수지 사는 친구가 와서 나가자고 간 곳이 대명항이다.

다른 포구에 비해 한적하다. 일단은 생선 파는 곳으로 가니 병어, 애기가재, 벤뎅이, 아귀 등등 황석어도 있었다. 이름 모르는 화려한 밤색 물고기도 있고, 요즘 병어 철이라고 1키로에 25,000원 하는 것 사서 두 마리는 회 쳐 달라하고 나오는 길에 야채와 고추장도 사고 벤댕이와 갈색 회를 두개에 15,000을 주고 샀다.

밖으로 나오니 벤치 같은 곳에서 나란히 먹는 사람도 보이고 해서 걸어가는데 옆 자리에서 시끌하다. 근데 거부감이 안 난다. 가지고 온 블루스타에 냄비 걸고 찌개 끓여서 회하고 드시는 연세가 지긋하신 분들이 목소리 높여 재미까지 더해서 웃으시고 마치 싸움하시는 모습들이 우리가 어릴 적 산에 가면 춤추고 술 마시고 노시는 전형적 모습의 아저씨들 세대 같다.

오른쪽을 돌아보니 앉아서 화투를 친다. 도저히 분위기하곤 어울리지 않는 모습들이다. 명색이 바다가 보이는 곳인 포구, 그 한편에 자리를 잡으며 인사 꾸벅하고 회를 펴서 먹으니 마음이 환해진다. 복분자 한 잔을 주시고 준비해온 머위를 쪄서 간 건강하라고, 몸에 좋은 토마토도 주어 "아유, 괜찮아요." 해도 자꾸 주신다.

살아있는 즉석 인정이 넘친다. 세계 어디에도 없는 정이다.

"어디서 왔냐?" 고 "공기가 좋지요?" 물음에 "네, 네."

하면서 부지런히 먹었다. 그러고 보면 나도 비위가 좋은 편이다. 오늘이 배가 3시에 들어오는 날이란다. 돌아가면서 멸치도 사고 몇 가지 생선을 사 가지고 가신다. 그 순간 우리 어릴 적 아빠가 술 드시고 손에 고등어 들고 오시며

"미자야."

동네에 목소리가 퍼지게 큰소리로 딸아이의 이름을 부르던 그 분. 우리 동창의 아버지가 떠올랐다.

그 '미자' 는 어디에 있을까? 임미자. 어린 눈에 비친 그 분은 내가 바라던 아버지 상이였다. 저녁에 들어오시면서 약주 살짝 걸치시고 아이들 먹을 것 사가지고 들어오시는 그런 아버지가 나는 몹시 부러웠었다.

나의 아버지 상은 그랬었고, 나의 남편의 모습은 늘 완벽하고 다 잘하는 수퍼맨이였으면 좋겠고, 아들은 적어도 자기 할 일 하고 살면서 아내에게 떠받음을 받는 상이였다. 남자라는 성을 두고 이렇게 바라는 모양이 다른지, 과연 나는 그런 세 유형에 속에 있었을까

요즘 유행어에 2% 부족이라는 말을 많이 쓴다. 숫자로 상대에 대한 후한 부족함이다. 어진 마음으로 아버지 남편, 아들로 이어진다. 그래서인지 작은 포구에서 전과는 다른 느낌으로 다가오는 그 분들의 사랑하는 마음, 그 모습을 보면서 넉넉한 마음의 눈으로 이웃을 볼 수 있게 되었다. 우리나라에 잘 돌아와 고맙고 감사드린다.

재미있게 오후 보내시라고 인사하고 돌아온 이 오후에 평온함이 몸을 감싼다.

바람 불어 좋은 날

아침에 몸이 무겁다. 어제 장례식도 다녀오고 무리해서인지 계속 졸았다. 자꾸 눈이 늘어진다. 안되겠다 싶어 씻고 간단한 화장이란 걸 하고 팔 없는 니트 원피스에 화사한 스카프를 두르고 아파트를 나오니 선들하다. 들어갈까 하다가 낮에 시내에서 보낼 생각으로 나왔는데 바람이 몹시 분다.

얼마 전까지도 에어컨이 절대적이었는데, 문을 닫고 있어야 할 정도로 바람이 차다. 아직도 나갈 시간의 여유가 있어 메일을 보다가 눈에 띈 친구와의 메일, 바람얘기 옮겨본다. 그대로…….

이곳 더위가 지난주 초까지 40도가 넘어서 그야말로 헐떡대는 날씨였다. 차를 세워놓고 타려하면 손이 데일 정도로 따가 와서 떼었다 잡았다 하며 운전을 해야 할 정도이다.

조금 아래에 사는 친구는 지진을 못 느꼈냐며 전화도 왔었고, 두 번이나 약하게 와서 집이 흔들렸다. 모든 것을 이곳 캘리포니아에 풍부하게 주신 분이 지진이란 점을 하나 더 얹어주셨더라.

더워 힘들 때에는 언제까질까 하는 생각만 있었었는데, 끝없는 무엇은 없는 것처럼

며칠 사이로 아름다운 날씨와 부드러운 바람까지 선물 받은 것 같다.

이런 날을 나는 무척 좋아한다. 오늘은 일을 마치고 바로 바다로 가야지 했는데 언니에게서 전화가 걸려와 “바람이 너무 근사한데 함께 저녁 하자. 너 바람 좋아하잖아.”

그래서 “언니, 난 바람만 좋은 것이 아니라 나, 바람나고 싶

어 ㅎㅎㅎ" 하니
"좋지. why not?"
뜻밖의 답에 당황해서 그냥 순두부 먹자고 분위기 깨는 소릴 했어.

이른 저녁을 하니, 한가로이 커피 뽑아서 바람을 맞으며 이런 저런 얘기하다가 어찌하다보니 올 여름엔 바다 한번 못 본 것 같아 내쳐 가려다가 그냥 집으로 돌아왔다.
누구는 잔칫집 김치 도와주러 간다는데, 나는 미루던 내 김치 담궈야 하고, 컨디션 핑계대고 미뤄놨던 베란다 청소도 해야 하고, 갑자기 일들이 하나씩 떠오르네.
바람 불어 좋은 날, 그래 '일' 하고 바람나자 싶다.
날씨가 좋지?
본격적인 가을 채비로 들어선 것 같은 좋은 날, 좋은 생각 많이 하고 좋은 일들과 바람 나 보자.
요즘은 가끔씩 지난 일들을 들추어 보는 습관이 이미 내게 생겼다. 아, 지난 가을 오늘엔 내가 무얼 하고 무엇 생각하고 있었는가 하고 보고 있다.
아마도 내년에는 오늘을 들추어 보면서 지난 오늘을 기억하겠지?
하여간 난 바람이란 걸 좋아한다.

세상에서 단 하나뿐인

오늘 아침에 걷자고 마음먹은 것이 집으로 나와서 두 블럭 걷고 내가 좋아하는 찰 보리빵을 사고 택시를 타고 일단은 집으로 왔다.
커피 내리는 사이 컴 키고, 고객에게 전화 한통, 내게 남은 시간은 15분. 얼른 보리 빵을 커피도 없이 먼저 먹고, 오늘은 무슨 일이 내게 있을까 하고 아침을 연다.

얼마 전 오늘과 같은 화요일이다. 내가 매주 화요일에는 꽉 찬 시간을 보내는데 전철로 계속 다녀야한다.
11시에서 12시 반까지 성경공부 그리고 외통의 여권과에서 4시간 일을 한다. 교회가 있는 대림동서 광화문으로 가는 전철을 타고 뛰듯이 걸으니 종아리가 뻐근하고 나중에는 발가락 두 번째가 뻣뻣하면서 그걸 쥐 오른다고 하는데? 갑자기 궁금하네. 왜 그 표현을 쓰는지 알 순 없지만 쥐가 그렇게 올라가나?
가면서 앞의 젊은 남자를 보고 순간 착시가 났다. 세상에서 단 하나뿐인 나의 큰아들이 걷고 있는 것이 아닌가? 놀라면서 순간, 아니야 어찜! 빨리 등판서부터 훑어보다가 에스컬레이터에서 본 옆모습, 어쩌면 툭 치고 인사라도 했을지도 모른다.
넘 내 아들과 닮았어요. 특히 다리 부분에서요,
다리가 유난히 굵고 둥글어서 반바지 입을 때마다
"얘. 긴 바지 입지 그러니? 네가 동양 사람이란 표를 달고 다니는 것 같아."

"엄마, 울 학교에서 내 다리와 같은 사람 아무도 없어요. 이렇게 멋진 다리는요 세상에서 나만 갖고 있어요. 하하하핫!!"
자신감인지 아님 관심이 없는 건지 성격이 좋은 건지.
아무튼 그 이후로도 그는 줄기차게 반바지 입고, 실지 그 다리 때문에 힘든 일은 없었다. 당당함은 멋지다.
그 이후로 놀림 반, 진심 반으로 내가 하는 말 무슨 일이든 무엇이든 세상에서 하나뿐인 그것도 '단' 이란 단어를 쓴다.
'세상에서 단 하나뿐인 큰 아들과 작은 아들' 이다.
물론 나도 그들에겐 단 하나뿐이다.

생텍쥐베리의 어린왕자에서 감동받고 늘 머리에 있는 단어가,
'unique', '유일한, 오직 하나뿐인' 이다
우리는 누구에게 이런 마음이 있다면 누구에게라도 좋은 기분을 전달 할 수 있을 것 같다.
아무튼 그날은 혼자 바빠서 어쩔 줄 몰라 하면서도 그 생각하면서 웃는 화요일이었다. 오늘이란 세상에서 단 하나뿐인 시간이니 즐겁게 보내자.

도종환의 시, 목 백일홍이 가득한 곳을 다녀와서

몇 개 없는 신발 중에 편한 것이 어떤 건가하고 궁리하다가 좀 낡은듯해서 구겨 신기로 한 납작 신발을 뒷부분을 펴서 발을 맞추고 날이 너무 더워서 기절 직전이라고 해도 가야할 곳은 가야 한다고 덜 생긴 모자를 머리에 얹고 집을 나섰다. 아, 약밥 4덩이도 잊지 않고 가방에 넣고 말이다.
일단은 샵으로 왔다. 차를 세워 두고 전철로, 그리고 걷기로 했다.
원래는 혼자 가기로 마음먹었었는데 내가 좋아하는 이웃 순희씨 하고 함께하기로 하고 오후 시간 동안인 5시간동안의 자유를 즐기기로 했다.
일단 지하철을 갈아타고 한성대 6번 출구로 나가니 눈을 못 뜰 정도로 환하다. 선글래스를 꺼내 눈에 얹으면서 빠삐용이 왜 생각났는지 비식 웃곤, 길가에 쏟아져 있는 많은 과일들을 보고 초입부터 풍성함에 내 속이 가득해 진다.
걸어서, 먼저 길상사에 도착해서 보니, 아 입시가 가까워졌는지를 알 수 있게 알림판이 있고 입구에 있는 졸졸 흐르는 약수를 작은 박에 입만 축이고 걸어가면서 기와 사이사이의 이끼들도 보고 스님들 닦으시는 소담한 집들 사이사이를 걷는데, 나무마다 법정스님의 글이 붙어 있었다.
이쯤에서 배도 고프고 해서 약밥을 꺼내 냠냠하고 사진도 찍었다.

읽으면서 이름 없는 꽃, 야생 한국 꽃들도 보고 이름이 없으니 누가 불러주지도 못했을 것 같았다. 그 길을 나와서 걷다

보니 정말 이상한 꽃 보라 빛에 중간에 약 보라색인데 마치 클로버를 두 배 확대 한듯한데 이름이 부부 꽃이라 한단다. 밤이면 오물어 들고 낮에는 펴지는 꽃, 알 것 같기고 하고 모르기도 하고, 그래도 이름을 누군가가 붙여졌으니 잡초는 아닌 듯하다.
걸어서 바로 옆에 있는 간송 미술관으로 성북 초등학교 앞이다. 5월과 10월에만 오픈 한다고 해서 조금 들어갔다가 다시 되 나와서 걸었다.
불과 내가 다녀 온지 2년도 안 되었는데 새 건물이 생겼다. 두 군데나, 그리고 늘은 것이 커피샵과 외국 브랜드로 파는 마켓이다.
너무 더운 이유도 있지만 수연 산방에 들러서 여유를 갖기로 하고 운이 좋았다. 기막히게 운치 있는 방으로 가게 되었다. 테이블은 나무를 반으로 쩍 쪼게 놓은 듯, 거칠지만 모양이 좋다. 다리 피기가 불편하지만 좋다,
호박으로 만든 아이스크림과 쌍화탕을 한과 말린 생강으로 먹으면서. 가을에 오면 좋겠다. 아니 눈 오는 날은 더 좋겠다 하고 약속 못하는 바람을 가져본다.
다시 걸어서 좁은 투박한 계단을 따라서 올라가니 고추도 있고 50년대에나 분수 있는 집 풍경이다. 한용운 시인이 조선 총독부가 보기 싫어 북향으로 집을 놓으셨다는 심우장, 그는 가셨고 향나무만 그를 기억하고 있는 듯하다.
한용운 시인의 글체가 대단하다. 조부님이 한학자 여서 많은 영향을 받으셨는지 감탄한다. 툇마루에 앉아서 그분의 시

도 읽고 지금은 외우지 못하지만 그 당시 미래에 대해 걱정하는 젊은이들에게 "너무 서둘지 마라." 하며 우주론을 얘기하신 것이 쓰여 있고, 그리고 그 길을 내려와서 바로 누룽지 백숙으로 유명한 집에 들렀다. 점심 저녁 겸해서 메밀 전을 어린 싹에 싸서 먹고, 백숙을 대충 먹고 누룽지를 먹으려니 배가 미리 부르다. 입은 당기고 배는 막고 나는 이럴 때 제일 싫다.
한 몸인데도 이렇게 박자가 안 맞는다.

나머지를 싸서 터벅대고 걸어 내려오다가 전에 갔었던 골동품 카페인 송스 키친에 들르니 자물쇠가 걸려 있다. 보아선 오래된 것 같은데 세도 안 나가는지 주변도 조용하다.
아휴 새로운 것에 밀려서 하나씩 추억이 없어지는구나 싶다.
성당도 많다. 덕수 교회만 그대로 여전히 그 자리에 있고 그 앞에 쭈그리고 앉은 사람 마냥 그대로 있는 덕수 마켓. 이번 비에 잘도 견뎠다 싶을 정도로 오래된 집이다. 잘 가꿔지고, 잘 정돈된 갤러리 틈에서 시간을 간직하고 있다는 자체에 내겐 놀라움이다.
내려오다 보니 도종환 시인이 쓴 시가 생각이 난다. 여러 그루의 목 백일홍이 붉게 많이도 피어 있다.
꽃이 아무리 예뻐도 십일이면 진다는데, 사람도 아무리 예뻐도 콩깍지 벗겨지는 날을 넘지 않는다. 목 백일홍은 꽃이 백일을 피고 있고, 자꾸 옆가지에서 꽃이 피기 때문에 늘 꽃이 핀다는 나무이다. 그 목 백일홍을 그때는 못 보았는데, 오늘 눈에 들어오는 이유는? 아무튼 어여쁘다.

산성을 올라가다 저녁 6시에는 돌아와야 하기 때문에 중간에 올라가다가 나중에 서울 시내산성 답사를 하기로 하고, 돈까스와 갈치조림 집으로 내려왔다.
버스를 탔다. 서울이 대단히 좋고 편리한 환승이란 것이 있다고 한다.
버스와 지하철을 연결해서 타면 100원만 더 내면 된다고 하니 우히히 기뻐서 웃음이 절로 난다.
오늘따라 내가 대견하다.
다리에 쥐가 난 것을 보면 아마도 구겨 신었던 신발을 밀어 신어서 압박을 받은 것 같아 다시 구겨서 신고 걷고 걸었다.
그 날이 최고의 더위라고 하여 땀을 흘리며 걷는 길은 영원으로 통하는 집중의 길이다.
과거와 현재가 함께 놓여 있는 젊음과 늙음이 함께, 부자와 빈자가 함께 놓여있는 곳, 그래서 늘 가보고 싶은 곳, 성북동이다.

오늘 아침 속절없는 눈물 한 방울

얼마 전 얘기다.
오라버니가 잠을 못 주무시고 얼굴이 힘들어 보인다. 잡숫는 것도 잘 드시고(원래 소식하시지만). 영양 쉐이크도 아침마다 나랑 퉁 치고 마신다. 약 먹을 때 물도 아주 많이 드신다. 연세에 비해 69세 생각이 젊어서인지 모습은 살도 찌지 않고 보기 좋다
"나 아무래도 좋은 느낌이 아니야. 한 달을 내가 경험한 것으로는 무언가 있는 것 같아."
"그러면 병원에 가셔서 검사를 해보시면 어때요?"
"내 병원서 하기는 그렇고 서울대병원에 가긴 가야하는데, 참 선뜻 나서기 쉽지 않아."
오라버니 연세의 병원 동기는 이미 다 은퇴하시고 후배들이 현역인데 같은 동문은 선배면 선생님으로 호칭하며 특별대우 받으니 좀 곤란해 한다.
주저하는 오라버니를 부추겨서 병원에 가서 내시경을 찍고 나는 밖에서 불안해했다.
조금 뒤에 보호자 들어오란다. 들어가 보니 막 수면에서 깨어서 몸을 일으킨 오라버니는 의사가 아닌 완전 환자다. 어쩌면 순간 느낀 것이 베드 위에 누워있으면 어느 누구도 아무것도 아닌 환자에 불과하다는 것이다.
오늘 따라 야위어 보이고 작아 보인다. 나를 찾는 눈빛에서 가슴에 무언가 휘리릭 지나간다. 여운이 길다.
"선생님 깨끗하십니다. 건강하신데요? 남보다 대장이 길고 휘어져서 느낌이 안 좋으셔서 그러셨던 것 같아요."

"그래서 내가 속은 들여다 볼 수는 없고 약을 먹어도 진전이 없어 큰 혹이 장을 막고 있는 것 아닌가 했지."

돌아오는 발길이 얼마나 빠르고 기쁜지

"나 결과가 좋지 않다고 하면, 네가 날 두고 미국으로 가지 못할 수 있잖니."

"절대로 가지 못하지요. 내 아플 때도 오라버니가 계셨었는데 제가 해야지요."

"그래서 결과가 안 좋으면 내가 그냥 포기하려 했다."

"헉!!!"

눈물이 나는 걸 꾸욱 참았다. 그래도 아무렇지 않으니 감사해요.

그리고 우린 아침에도 가끔 어린아이마냥 얘기하다가 가볍게 다투기도 하고 "난 간다" 고 겁도 준다. 머리 염색하고 양복 입고 나가시는 모습을 보면 내가 봐도 멋지다.

가끔 살아가면서 사람의 마음은 경우에 따라서 천국과 지옥을 오가는 듯하다. 그래도 천국이 훨 나으니 추측해서 힘들어하지도 말고 늘 건강 체크하자.

성북동은 내가 사랑하는 곳

가고 싶었던 성북동.
이번 주는 내내 병원과 집에서 보냈다. 오늘은 속도 좀 추스를만해서 집을 나섰다. 전철역으로 오는 서초구청 앞은 벌써 연한 초록빛으로 그득해서 눈이 부시다.
전철을 타고 눈을 감고 며칠 전 성북동 답사했던 즐거움을 꺼내는데 누가 조용히 내 팔을 건든다. 이곳에 오고 나서 내내 내 곁에서 나를 언니처럼 돌봐주는 닥터 박 와이프다.
알고 보니 미국 우리 동네서 살던 분이고, 우리 아이들하고 초등학교, 중고등학교 교우다. 어쩜 그렇게 가깝게 살 때는 몰랐다가 무슨 이유로 우린 이렇게 객지인 이곳서 만났는지.
병원 문제, 체류자격 등을 다 데리고 다니면서 일러주고 가르쳐주고 많은 것을 내게 배려해주신다. 친구 말이 내게 복도 많다 그런다.
근래의 상황을 얘기하고 좋은 미소로 서로 나누고 헤어지는데. 아쉽다. 오늘 그 분의 미소가 유난히 고운 탓일 게다. 성북동 답사를 하기로 하고 카메라를 들었다. 마침 그림 선생님인 현미씨도 함께 한다하여 그곳에서 만나기로 하고
4월에 가장 덥다는 그날에 우린 걷고 걸어서 땀을 씻어가며 답사를 하였다. 간송미술관에 갔으나, 5월에 오픈한다 하여 뒤로하고 길상사로 향했다.
많은 등이 달려있다. 초파일도 멀지않은 듯 군 서열 하듯이 나란히 나란히 등이 달려있다. 한 바퀴 돌고 수연산방과 한용운 시인이 사시던 심우장을 찾아가는 정말로 재벌의 집들이라 그런지 담이 높고 길다. 심심찮게 보이는 재규어나 벤

츠들이 이 동네의 국민차 같다.
땀을 흘리며 언덕을 올라갔다가 외교관 빌라 짓는 곳으로 내려오니 배가 고프다. 메밀들깨수제비 메밀비빔밥을 먹었다. 별미다. 그리고 맛있다.

한용운 님이 사시던 심우장으로 올라가는데 꼬불꼬불 계단도 옛것 그대로인 듯 한 50년 전의 달동네 같은 곳을 거쳐 들어갔다. 총독부가 보이는 것이 싫어서 북향으로 집을 지으셨다는 한용운 님의 글 보고 그 분이 쓰시던 유품들도 보았다. 작지만 편안한 곳 같았다.
내려오다가 이태준 씨의 고택인 수연산방에 들러 대추차를 마시고, 고즈넉한 옛 가옥에서 실례를 묻고 누워 보았다. 딱 세 사람 누우면 될 듯한 방, 옛사람은 가고 없지만 감회가 깊다. 아마도 키들이 작았을 것 같다. 그래도 하늘도 보이고 솟대라는 높다란 새도 있고 하늘도 좋다. 난 가끔 이런 사치가 좋다.
서울 산성을 가기위해 내려오는데 정다운 음식점이 많이 보인다. 겉만 예쁜 것이 아니라 왠지 속도 예쁘고 내용도 그와 같을 거라는 생각이 드는 그런 풍물이다. 미국의 거라지 세일 같은 벼룩장도 눈에 띈다. 좋은 하루다.
할아버지들의 윷놀이, 하루를 팔아 사는 할머니의 깊은 주름 골에서 웬지 정이 느껴진다. 두툼한 손을 만져 보고 싶다.

서울 산성 반쯤 올라가다가 다리가 아파서 중간에 산성 밖을 내려다보고 옛 것과 현재가 공존해 있는 서울을 본 듯하다. 난 이런 것을 보면 숨이 멈출 것 같다. 아니, 가빠온다. 왜 성북동에서 많은 글들이 나오는지를 알 것 같다. 가슴에서 하트가 번진다.

중간에 '송서 키친'이라는 아주 흥미로운 카페도 들렀다. 각종 잡동사니들로 꾸며진 카페지만 나름대로의 세련미와 감각이 잘 어우러져서 편안함을 주는 이색적 분위기, 총각이 멋져서인지 더 그런 듯하다.

대학로에 들러서, 잠시 극장을 하는 조카 -그녀도 성북동에 산다- 조카신랑이 재벌 집들을 내려다보며 꿈을 키운다고, 함께 주먹만 한 만두 먹고 저녁 길을 안국동까지 걷고 수고한 우리 자신을 위해서 맥도널드서 커피 마시고 별이 총총한 밤에야 집으로 돌아올 수 있었다. 벼르고 벼르던 답사. 모든 것이 재충전 된 듯한 하루를 보낸 것 같아 행복했다.

아직도 행복하다.

2011년 8월 29일 보고서

이곳 서울의 날씨가 회색에 하얀색을 덧칠한 느낌의 날씨. 후덥지근한 날씨라 샵에 나와서 에어컨 키고, 길고 큰 컵에 내린 아라비카 커피에 얼음을 왕창 넣고 컴퓨터 보며 마시다 보니 배가 빵빵해 진다.
성북동 내가 좋아하는 성북동에 다녀올까 하고 궁리 중에 수술 받고 회복 중에 있었을 때 성북동 일지가 눈에 띄어 올리면서 성북동에 다녀와서 후편을 쓸까하네요.
이글 보고 루시아님이 나중에 가보고 싶다하면 풀코스로 안내해 드리지요.
전문 가이드처럼 눈 감고도 훤한 그곳 거리니까요. 제가 이곳에 있어야 하는 이유라고 말할까요?

또, 한잔 다음에 기막히게 분위기가 좋은 곳도 알아요. 전에는 분위기로 흥이 없으니, 마시는 것에 주력해서 꽤 주량도 있었지만 지금은 약간, 아주 적당히는 마실 수 있지요.
자, 지금 다녀 올렵니다.

미국에서의 한가한 토요일 아침

어제 한꺼번에 일을 해서인지 무거운 옥수수 덕분인지 팔이 뻐근하다. 자꾸 잃어가는 근육이 불쌍하다. 아마 역기라도 들어야 할 것 같다.

아침에 댓글 달고 돌아서서 먹고 반복, 시간 여유로움이 내겐 고문이다. 가끔은. 지난 이맘 때 무엇을 하고 있었을까 하고 들추어보았다.

추석 전날에 비가 많이 왔다. 많이 울었던 기억이 있다. 그래서 바로 집으로 돌아갔다가 아이들을 뒤카에 담아갖고 온 것이 있어 올려본다. 물론 그 당시의 내 마음도 함께 지나고 나면 이렇듯 다 아름다움으로 가슴에 남는 것이 아닌가.

이번 추석에는 괜스레 눈물이 나왔다. 내가 무얼 하고 있는가, 어디에 있는가.

누구는 갱년기라고도 하고, 홈 식이라고도 하고, 나는 둘 다 아니라고 빡빡 우기다가 결국은 집으로 갔다. 그야말로 만사 제치고…….

꼭 일 년 만에 가니 아이들은 훌쩍 커져 있었고, 셋째 손녀는 말을 얼마나 잘하는지 나에 대한 기억도 없어도 내가 많이 보고 싶었다고 한다. 핏줄이 코카콜라보다 진하다고 하더니 역시 진하긴 한가보다.

그리고 네 번째 아가도 보고 나니 내게 그리움이 씻은 듯 사라졌다. 솔직히 무엇보담 어른 노릇을 한껏 같아 내 자신이 위로가 되었다. 아마도 나이들 수록..세월이 묻어 갈수록 할 일이 자꾸 많아지는 것 같다.

자식들 어릴 때는 대학만 가면, 졸업하면 결혼만 하면, 했는데. 정말 할 일은 나이수와 비례하는 듯 난 55가지를 해야 한다. 물어본 내게 흔한 얘기로 재수 없으면 125살까지 산다고 한다. 어쩌지?
누구든지 손녀들을 곁에 두고 보면 점점 나처럼 아이들 얘기로 가득할 것이고. 오늘도 디카에 담아 온갖 보면서 귀에 입이 걸리는 토요일 오후다.

–행복한 주말 보내야지
즐거운 행복한 추석 주말 보내시고, 가족과 함께하면 면 어디 사나 고향이고 천국입니다.
오늘도 담대하게 아자!!!

난, 왜 이러는지 몰라

아침에 성경 공부하러 가는 시간이라 준비하고 내려오다 아, 나 차 두고 왔지?
어제 추석에 내려간다고 하면서 손님들이 느즈막하게 오기에 밤 12시가 넘어야 문을 닫고 집으로 오게 되어 가까이에 사시는 분이 태워다 주셨는데 잊었다.
전철을 두 번 탔다. 아직도 힘든 것은 연결하며 타는 전철, 대림에서 내려서 입구 나오는데 비가 추적거린다.
교회에 들어가서 하나님께 신고식하고 지하로 내려가 성경 공부 준비하는데 옥수수 가루가 큰 봉지가 보인다. 반가 왔다. 내가 갖고 싶었던 옥수수 가루, 그런데 너무 곱다.
교회에 잠비아 사람들이 와서 옥수수 수프를 만들어서 신라면 하고 먹었다고 한다. 어떻게 만들었느냐 하니 어제 남은 수프를 꺼내어 보니 에고고. 거의 빵 수준으로 뭉쳐있다. 설탕과 진간장을 놓고 찍어서 맛을 보니 그런 대로 먹을 만은 하다. 미국의 메리 캘린더의 콘 브레드가 생각난다. 동시에 만들어야 마음에 충동이 인다.
어릴 적 원조 받아서 먹던 구수한 죽과 빵이 코에 냄새나고 눈에 선하다. 일단 내 눈에 뜨면 무조건 고! 생각은 짧게 행동은 빨리! 구호처럼 말이다.
고맙게도 목사님께서 다 가져가란다.
–주일인 모레 빵을 만들어 오세요. 하기에 바로 "네에."
돌아오는 길도 전철로 올 밖에 없다. 언제나 난 바보스러움이 있다. 차 있을 때는 손이 가볍고, 없을 때는 언제나 손이 무겁다. 가지도 바가지에 호박도 듬뿍 많기도 하고 싸기도

하다. 왜 그리 야채들이 탐이 나는지 꾹 참고 왔다. 너무 무거워서 들 수도 없고 누가 바늘로 어딜 찌른다고 하더니 난 내 입술을 물었다.

'음, 다음에'

샵으로 오기위해 논현에서 내려오는데 비는 오고 몇 번을 쉬며 왔다. 왜 나는 늘먼저 일을 앞서서 할까. 그렇잖아도 어제 아는 새댁이 시댁에 갖고 갈 서울식 나박김치, 오이소박이 담아줄 수 있냐고 물어서 대뜸 '하모, 하모' 해서 앞 마켓에 가서 준비한다.

누가 이런 나를 보고 늘 내게

"못 말려. 저러다가 제일 먼저 죽을 거야."

"내가 졌다."

좋으면서도 꼭 이렇게 말한다.

이왕이면 내게

"열정적이다. 그래 남보다 젊게 사는 걸 거야."

"착해서 주변에 좋은 사람들이 많나 봐."

하면 안 되나?

그래도 난 왜 이러는지 몰라.

오후, 나의 친구들과의 수다

다섯 송이의 종달새.
–신명
그녀의 카페는 아침부터 분주하다.
하루를 일궈낼 커피를 준비해야 하고 외로이 창문에 얼굴을 그릴 이를 위해 유리창도 수정처럼 닦아야 하고 샌드위치 맛을 못 잊어 찾아와 줄 고마운 손님을 위해 넉넉한 빵도 차곡차곡 준비해 놓아야 한다.
점심나절엔 나들이가 힘든 그녀 곁에 몇 십 년 지기 종달새들이 모여들 것이니 거둬먹이려면 그것 또한 일이겠다.
넘치는 열정만큼 맛깔스러운 솜씨만큼 마음도 좋은 그녀의 기분 좋은 모습도 빠질 수 없는 양념 중에 하나, 가장 푸릇한 청춘의 날을 같이 보낸 얼굴들은 늘 같은 매무새다.
깊숙이 양각된 아름다운 모습이 현재보다 앞서므로 세월조차 그 선을 감히 침범하지 못하는 것일까. 나이테가 새겨진 행로를 안다는 것은 가장 신뢰할 수 있는 궤적이다. 간혹 반목이 생길 때도 원심 회귀의 법칙이 적용되는 울타리이다.
수국, 작약, 데이지, 튤립, 레드산드라 장미, 오래도록 가까이 머무르기만 해도 좋을 종달새들의 지저귐이 커피향처럼 도란거리는 달콤한 어느 여름날의 하모니이다.

나의 친구, 오랜 친구들과의 만남은 즐거움이다. 지난 달, 나를 위한 배려로 내 쪽으로 모인 우리는 즐거운 시간을 나누고 아쉬움으로 헤어졌다. 친구가 시를 만들어 올렸다. 참 재주라 해야 하나, 솜씨라 해야 하나. 나를 작약이라고 표현하였다. 본 적도 없는 작약이란다. 이름은 맘에 쏘~옥 든다. 무조건. 그러면서도 문득 궁금해진다. '왜 작약이라고 했을까?' 하고…….

어제 김밥을 갖고 갑자기 나를 방문한 시인인 내 친구는 돌아가면서도 저녁까지 챙겨주며 내 건강을 늘 물어주는 친구이다. 그런 친구가 머리에 머물면 난 아이처럼 눈과 입이 웃고 언어가 달라진다.

내게 있어서 친구는 웃음이다.

알고 보니

며칠 전이다. 아침에 열쇠가 작고 나이키 운동복에 슬리퍼를 신고 가게에 첫 손님으로 들어와 커피 믹스를 시킨다. 술 냄새 나는 것도 같고. 순간 어떡해야 하나 하다가 믹스커피는 팔진 않는데 갖고 있는 것이 있어서 드리겠다고 했다.
두 봉지를 뜨거운 물에 잘 저어 드리고 "안녕히 가세요." 하려는데 "가게 분위기가 꼭 뱅쿠버에 있는 것 같아 조금 쉬다 갈게요." 하신다.
말씀 하실 때 보니 치아도 많이 없으시다 그냥 보아선 좀 초라 해 보이신다.
"커피를 내 맘에 맞게 잘 타셨네요."
"감사합니다. 얼마지요?"
"됐습니다. 그냥 가시고 제가 대접합니다."
그런데 주머니에 손을 넣으시더니 50,000원을 주신다.
"동생을 만나려하는데 이곳이 좋아서 이리로 오라 했으니 오면 주문하는 것 다 주라."고 하면서 미리 주신다 하신다.
괜찮으시다면 수요예배가 있어 동생분과 1시로 약속하시면 어떠시냐고 하니. 그럼 예배같이 드리고 동생 만난다고 하셔서 함께 예배드리고 1시에 동생이 와서 만나셨다.
동생분이 핸섬하시다. 안양서 랍스터 레스토랑을 하시고 형님은 밴쿠버에 사시면서 한국에 레스토랑을 만들어주시려고 나오셨는데 한참 커져가는 마곡지구에 랍스터 전문집을 만들려고 바쁘시고 그 와중에 치아 치료도 하시고 이틀 뒤엔 밴쿠버로 돌아가신다고 하시면서 내게 명함을 주시고 안양에 랍스터 드시러오면 대접한다고 하시니 얼마나 내가 미안 했던지.
왜 그 시간에 믹스커피도 갖고 있었는지 초라해 보인다는 이유로 실수를 했다면 어찌했을꼬? 하면서 여러 가지 복잡한 생각이 오갔다. 오는 사람을 겉으로만 보지 말고 예수님 맞이하듯이 하라는 말씀을 과연 지킨 적이 있었던가 생각하면서 그 분의 명함을 보고 인터넷으로 찾아보니 맛 선생으로 일식전문 요리사셨다.
겉 보고 실수하는 일은 정말 없어야겠다고 강하게 내 마음의 옷깃을 여며 본 그 날이었다.

콧바람과 꽃바람

"오늘은 봄 냄새 느끼고 오겠습니다."
요렇게 가게 문에 턱 붙이고 강원도 춘천을 향해 고고 했다.
가평에 팬션하는 친구 집에 들러 얼굴보고 춘천 강원대학을 향해 갔다.
1975년에 갔었던 삼악산장도 지나가고 의암댐도 넘어가니.
옛날길이 아니었다.
너무 아름다워 감탄하고 미끄러지듯 깨끗한 도로를 따라 대학에 도착.
실은 미국에 있는 사위가 강원대 교수직에 접수하여 시간이 하루 남아 직접 가기로 결정해서 겸사겸사 가게 되었다.
코로 느끼는 바람 아니 '공기도 다르다. 실크같이 부드럽다.' 이런 공기가 다르다고 우리는 차 문을 열고 코와 입을 벌리고 청소한다고 숨을 크게 들이쉬고 내쉬며 코미디였다.
오면서 춘천에 왔으니 막국수 먹어야 하는 당연함에 맛 집을 찾은 것이 아니라 먼저 눈에 띄는 대로 들어가서 먹었다. 오는 길도 삼악산에 들러 비싼 커피를 사서 강촌의 경춘 묘지에 있는 엄마 산소에 들러 아메리카노 한잔 드리고, 청평에서 양평 넘어가는 그야말로 정통 연인 도로를 따라갔다. 강남금식원에도 잠시 들리고 오다보니 문주란 카페가 보여 들러 정말 비싼 12,000원 짜리 카프치노를 먹고 시디까지 사고 나오면서 얼마나 후회했던지.
공연이 있었다면 당연하지만 우리 부부만 있으니 나올 수 없어 마신 커피의 단맛이 계속 속에서 울렁거렸다.
사람들이 꽃바람 쐬고 오면 힐링 된다고 하는데, 나는 오늘까지도 일하기 싫고 햇볕과 놀고 싶으니, 오늘도 날씨가 나를 유혹한다. 커피 들고 선글라스 끼고 가게 앞 꽃나무 밑에 앉아서 이규태님의 칼럼을 읽으면서 어깨로 햇볕을 받았다. 들어오니 계시던 손님도 다 나가셨는데 모르고 있었네. 이제 가게 앞 불을 켜야겠다. 어두워지네. 내일도 나가고 싶을 것 같다.
콧바람이 들은 건지,
꽃바람이 들은 건지 모르겠다.

미안해요

주일 저녁에 바람 쐬이러 갈까 했었는데 손님이 계셔서 마음으론 포기했었다. 주섬주섬 가방을 챙기고 차에 타니 내가 좋아하는 속초에 간다한다. 그러지 뭐.
로션도 구두도 불편하고 일단 겉옷이 얇아서 가기 전에 먼저 한기를 느낀다. 떠나기 위해서 떠난다고 하지만 재미도 있을 것 같아 휴게소마다 쉬어서 먹기! 하고 떠났다.
가평휴게소에서 과자사고 우동을 먹고 나니 눈이 감기어서 뜨고 보니 대포 항이다.
일단 숙솔 잡고 늦게 회집을 가서 회를 뜨고 숙소로 와서 반은 먹고 반은 남기었다. 깜깜해서 바다는 보이진 않지만 큰 호흡을 계속 내 쉬면서 가슴 청솔 했다. 참 오랜만에 온 속초다.
아침에 호텔서 식사를 간단히 하고 한계령을 거쳐 가는데 난 정말 길치인 듯 인정 못한다고 우기지만 늘 다니는 길도 모르겠다. 어찌하다 돌아오는 길에 가평이 먼저인지 춘천이 먼저인지는 모르지만, 춘천서는 닭갈비 맛 집에서 먹고 가평에서 커피 한다고 들어가는데 안마기가 있어서 발 종아리 어깨를 하다 보니 또 잠시 꿈까지 꾸면서 잠이 들은 듯 인사하고 가방을 드니 열려있어 잠그다보니 지갑이 없다. 내내 갖고 있었고 지갑을 열 일이 없어 무심했는데 갑자기 머리가 띠~잉. 일단은 잃어버렸다 가정하고 지난 시간과 지금 이 순간을 생각하니 잃어버려도 지금 이 시간일 수도 있다 싶었다.
돌아오는 길에 의심하지말자. 다짐하고 떠나기 전에 어쩌면 놓고 왔을지도 모른다고 나를 위로하면서 카드에 현금이 많지 않고 갖고 있는 것도 많지 않으니 감사하다. 괜히 공짜 안마 받고 의심 하는 생각을 갖지 말자고 내게 압력을 주면서 돌아왔다. 제발하며 와서 보니 얌전히 지갑은 있었다.
내가 실수하고 남을 잠시라도 의심했던 마음이 얼마나 미안한지 몰라요.

누구랑 함께

며칠 전에 예쁜 아가씨하고 잘 생긴 젊은 남자가 들어 왔다. 나는 젊은 연인들을 보면 마음이 들뜬다. 괜히 반갑고 눈에 웃음이 고인다. 아메리카로 하고 원두 내린 커피를 주문해서 내린 커피를 넉넉히 내리고 더 드시라고 했다.

갑자기 나를 부른다.

"커피에서 꽃향기가 나는데 무슨 커피 예요?"

난 원두를 갖다가 향을 맡아보라하니 이건 아닌데, 한다.

"꽃향기가 맘에 들지 않으면 다시 내려 드릴게요."

하니 좋아서 그랬단다

"아 커피의 맛이 다르면 얼마나 차이가 있겠어요? 누구랑 함께 하느냐의 차이겠지요."

'참 이쁜 커플이다' 싶다. 상대에게서 꽃향기를 느낀다 하니 얼마나 신선한가.

'내게도 저런 향기가 난다고 누군가 얘기 해주었으면 좋겠다' 하고 내 나이를 꼬집어보았다.

하루 미학

아침에 눈을 떴다. 좀 이르다 싶었지만 조금 더 하다가는 깊은 잠이 들까봐 일어나서 오늘을 준비한다.
생활이 늘 같은 공간이라 그런지 꿈을 꾸어도 그것조차 꿈인가? 아님 있었던 일같이 요즘은 건물과 건물사이에 구름다리로 왔다 갔다 하는 것 같다.
서울이 오늘 최고로 춥다기에 일어나서 옷을 세 겹으로 입고 코트를 입고 부츠를 신고 걸어오는데 좀 이르다싶게 아직 어둡다. 운동이 중요하다고 늘 나도 생각하지만, 오로지 아침 걷는 이때가 나의 운동이다. 생각보담 춥다는 생각은 안들이고 오히려 상쾌하다는 느낌의 추위다.
가게로 와서 지인이 선물해준 작은 음악의 스테레오를 켜고 히터를 열쇠고 커피를 내린다. 아침 일찍 오는 두 손님을 맞아 하기 위해서다. 요 시간이 나는 참 좋다.어두운 공간에 탁탁 탁하고 스위치 올리면 환해지고 음악 소리 나고 참 좋다. 남편은 두 사람을 위해 나가는 내가 마음 쓰인다고 하지만. 요런, 나의기쁨을 알 수 있을까? 그리고 내게 오는 사람과의 무언의 약속, 그리고 추운데 왔다가 더 추울까봐 나는 이런 날은 나를 더 재촉 한다. 이런 일상들이 나를 받쳐주고 힘나게 한다.
커피를 내리는 것은, 샌드위치 반쪽하고 커피 마시고 담아갖고 가라는 나름대로 커피 미학이다. 내게 웃음주고 환 한 모습으로 나가는 것을 보는 것이 내게 아침 기쁨이다. 그리고 나는 커피의 나머지를 컵에 담아 창가에 앉아서 지나가는 사람들을 바라본다.

머리를 자르고

새로 가게 오픈에 시동생이 목회하시는 교회가 2층으로 오고, 그리하여 인테리어가 거의 끝나갈 즈음에 부족한데로 이전 예배를 드리게 되었다.
많은 분들이 오시기 때문에 음식 준비를 하느라 한 밤을 꼬박 세우고 100명을 가게에서 부페식으로 치렀다. 이런 일을 위해 미국서 훈련을 시키신 듯 거뜬히 해냈다. 모두들 만족할 때 나도 '흐흐흐' 했다.
새로 사역을 이곳서하니 하나씩 행사가 늘어나고 그때마다 내가 나서야 했다. 그러다보니 내 일은 뒤이고 매달리다보니 누구말대로 머리도 감을 시간도 없었다.
낮에 앉아 있다가 앞의 거울을 보니 내가 나에게 누구시죠? 하고 물을 정도로 늙은 여자의 늘어진 눈썹처럼 보인다.

가게 문을 닫고 머리를 하러 갔다. 첨에는 머리 감고 드라이만 하고 단순 기분 전환만 하려던 것이 쇼트커트로 방향을 바꾸고 또 다른 낯선 사람으로 변신하고 연신 머리를 당기면서 돌아 왔다. 그게 일주일 전 일이다.
유토피아를 쓴 영국의 인문주의자 토마스 모어가 종교 반역자로 몰려 단두대에 목이 잘리게 되었는데 처형 직전 머리를 받침대위에 조심스럽게 올려놓고 이런 말을 했다 한다.
"내 수염이 잘리지 않도록 조심하슈. 그건 죄가 없으니."했다 한다.
나는 그 이야기가 생각나면서 실소를 지을밖에, 내가 스트레스 받거나 힘들면 내 머리부터 자르고 변화주길 원하니.

비교하는 것이 우습기는 하나 한가로운 저녁에 창밖을 보다 거울에 비친 아직도 낯선 짧은 머리와 죽음 직전에 수염 걱정하는 그가 아이러니하게 동시에 떠오름은 오랜만에 가져보는 여유일까?

다르긴 다르네

남자 아이. 나의 손자를 낳았다는데 만 3살이 되어서 만났고 그래도 서툰 말로 할머니라 하니 대견하다. 내 이름이 뭐지? 하니 할머니란다.
내 이름이 없고 할머니가 이름처럼 되어도 상관없이 그냥 이쁘다.
아이와 함께 지내고 놀이도 하고 책도 읽어주는데 아이가 참 특별하다는 생각을 여러 번 가졌다. 그 중의 한 가지가 인상적이었다.
돌아오기 하루 전에 엘에이LA로 가야 해서 저녁을 함께 하는데. 누나들하곤 저녁을 나누었는데 자고 있던 손자가 끝날 즈음에 깼다. 그리곤 짜증이 났는지 얼굴이 좋질 않다 아들은 아이가 자서 못 먹어도 먹이려고 재촉치 않아 내가 어쩔 수도 없었다.
헤어지면서 내가 "벤, 내가 누군지 아니? 내년에 보자~"하니 아이가 고개를 돌린다. 뒤에 있던 누나 넷이 할머니 하며 구호처럼 외치는데 갑자기 내 뒤로
"할머니, WE LOVE YOU!" 한다.
헉! 내 머리가 화~해진다. 그리곤 남자아이는 다르구나. 손녀들은 'I'를 쓰는데 남자아이는 어려서부터 'WE' 를 쓰는구나. 다르긴 다르다.
아직도 내 귀에 그 목소리가 들린다.

지난 일들을 뒤적이다가 어찌 이런 일이

라벤더 칼라에 밤색 꽃이 듬성하게 있는 블라우스를 내 생일에 작은 아들에게서 받았다.
"예쁘다. 고마워~"하고 아들을 이 틈에 안아보았다.
"제가 골랐어요."
좋아하는 엄마의 눈빛에 자랑스럽게 말한다. 입어보니, 팔뚝 있는 곳이 조금 꽉였지만 약간 터 입으면 될 것 같아 담에 아들에게 입고 가야지 하며 장롱에 걸어두었다. 아쉬움은, 워낙 큰 열쇠에 덩치가 좋아서, 이 엄마가 작아보였는지 약간 작은 것 같았지만, 숨 좀 신경 써서 쉬면 될 것 같다.
주일날 아침에 교회 가려고 보니, 날씨가 꽤 화창해서 가벼운 블라우스가 제 격인 듯하여 그 블라우스를 입고 교회에 갔다. 예배도 드리고, 점심 먹고 가기 전에 가까운 코스 코에 들려 물건을 사기로 하고 이것저것 물건을 고르고 카트에 넣었다. 계산대에 가지고가서 그냥 있으면 다 스캐너로 값을 찍어주는데 나의 친절이 그만 일을 저질렀다.
두 손을 넣어 물건을 집는데 '부~욱' 하는 소리가 들리기에 순간적으로 내 등! 했다. 아래로 부터 손을 펴서 훑으니 일자로 찢어졌다. "오마나. 안드레" 라고 내 일을 봐주는 남자에게 등을 보이며
"나 어떠냐? 어쩐지 팔이 잘 움직이더라,"하니 깔깔 웃는다.
완전 스타일 꾸긴 시간이다. 걸어 나오면서도 등을 보통 때보다 바짝 펴고 뒤로 자빠질 듯이 하면서 나왔다.
그런데. 오늘 또 그곳에 가니 그 때의 그 남자가 있다. 동양 여자인 나를 잊을 수가 없었겠지. 또 실실 웃는다.

"나, 그때 그 여자야. 오늘은 자유로운 옷 입었어."하고 너스레를 펴 보인다.
모양도 좋지만 절대적으로 이제는 편한 옷이 최고다.
그런데 어쩌지? 선물 준 아들에겐 보이지도 못하고 버렸으니. 절대로 엄마가 넉넉해서가 아니라, 옷감이 모자라서다.
아들아.

말의 여유

아침, 오랜만에 샵에 두 분이 오셨다. 한 분은 유치원 원장님이고 다른 분은 동네 유지이시다. 샌드위치하고 망고주스 주문하시고 한 분은 빵 먹으면 소화가 안 된다며 물 달라신다.

2016년 초하루에 시댁 식구들과 모여서 각자 올해 해야 할 일이나 계획을 얘기할 때,
온 가족 앞에서 내가 한 말이 생각난다.
"누가 좋은 말로 칭찬 해주시면 전엔 그런가? 했는데 이제부터는 주님의 은혜입니다 하고 말하는 훈련을 하렵니다."
이렇게 말 한 것은 언제나 말에 대한 주의를 누구나 했으면 하는 마음이었다. 오늘 두 분도 내게 하시는 말씀 "얼굴이 상했어. 처음 올 때보다 얼굴에 주름이 많네. 일은 잘 되는 거야?"
"샌드위치는 최고야. 어쩜 이렇게 맛있어?"
"하나 포장 해 줘요"
내게 관심은 감사. 물론 칭찬도 있었다. 그런데 무언지 모르게 얼굴에 주름 한 획을 그어 놓는 듯 속은 편치 않아도 말의 다짐이 떠올라
"그런가요? 제가 신경을 써야 겠어요. 신랑이 잘 해주니 주름 생각 못하고 넘어갔네요."
뒤로 돌아서서 내 나이가 몇인데? 하면서 슬쩍 전자레인지에 비친 얼굴 보니 '와, 나이 들어보이네. 말씀이 맞네.'
머리를 쓸어서 묶고 핀으로 세 군데 꽂아본다. 그래도 보인다. 그리고 혼자 위로 한다는 말, 나 같으면 샌드위치 샵에

가서 빵 먹으면 탈 난다는 표현보다
"배가 불러서 물만 필요하네요. 통통하셨을 때가 젊어 보이고 좋아요." 할 것 같다.
말의 표현의 성숙함이 필요하다. '같은 물을 먹어도 뱀은 독이 되고 소는 우유된다' 는 말처럼 습관처럼 말을 잘 하는 여유도 필요하다는 생각이 드는 아침이다.

달라진 아침 습관

작년보다 블루베리가 잘 큰 것 같다. 잎도 튼튼하고 꽃도 많이 넘치게 피었다.

봄비치곤 지나친 비가 3일 내리는데. 우수수 꽃 들이 떨어져 수북하다.

마음에 아깝고 가엾어서 하루는 들여 놓고, 견딘 꽃들이라도 살릴 정성을 쏟다가 밖으로 내 놓은 지 며칠이 지난 요즘 화분에 상치 씨를 뿌려놓고 새도 먹고 생명력이 있으면 잎이 올라오겠지 하던 상치가 잔디처럼 올라와서 샐러드에도 어린 싹도 쓰고 했다.

요즘은 아침에 물을 주고 의자를 놓고 커피에 배이건 먹으면서 하나하나 살피다보니 연 초록빛이 편안함을 준다. 매일 바라보며 아침을 시작하는 건 새로운 습관이 되었다. 그런데 블루베리의 꽃이 떨어져서 내 마음이 상했던 것을 아는지 그 자리에 둥글게 모양을 갖추고 있는 것이 아닌가.

마치 병아리가 알을 깨고 나올 때 계란을 깨주면 살지 못하는 것처럼 비와 바람에

의해 떨어진 꽃자리에서 튼튼한 열매가 맺는다는 것을 보게 되었다.

어쩌면 몇 주가 흐르면 베이글에 크림 스프레드 위에 블루베리가 얹어져 멋진 아침 식사를 할른지 작은 습관이 가끔 이렇게 마음을 어지럽힌다.

머그잔을 손에 쥐고 또 들여다 본다.

본의 아닌 커피 밥을 먹다

아침에 닭가슴살을 삶기 위해 알 커피를 넣고 구수한 냄새로 익음을 감지하고 가슴살만 건져서, 커피 알을 골라내다가 문득 웃지 못 할 지난 일이 떠올랐다.

일단은 건져 내고 난 국물에 다가 제 국물을 내도록 마른국수를 넣고 한 참을 끓인 후에 계란을 풀고 위에다 가슴살을 찢어 얹고, 내가 만든 쌀 사먹고 놀고 먹고 다음에 맞춤인 오늘에 얼마 전에 밥을 지어놓고 모처럼 왕비처럼 먹으려 밥을 먹는데 유난스레 딱딱하게 콩이 씹힌다.
늘 콩을 넣어 먹는 습관이라 안 익었나? 하면서도 의심도 없었다.
반찬도 좋고 밥은 약간 갈색이 돌지만 구수하게 보이는데 무언가 잘 못 되었다싶으면서도 알 수가 없다. 콩은 콩인데 다른 콩인가? 어쩌면? 아~ 알았다.
닭 삶을 때 넣는다고 커피 빈을 잡곡 사이에 놓고는 아무 생각 없이 쌀 씻고 착각한 콩 한줌을 넣고 밥을 지은 것이다.
웃음 반, 상심 반이 정도로 생각이 없고 구분도 못하나 싶어 마음이 상했지만 코카콜라 사장의 말처럼, 그분의 혈관 속의 피는 코카콜라가 흐른다는 얘기처럼 나도 이젠 밥을 커피 빈으로 지어먹을 정도로 모든 것을 커피에서 커피인 듯 밥이 되어도 그 품세는 여전하다.
알고 바라보니 커피 냄새도 나는 듯하다. 그렇다고 버릴 수는 없고 단지 검정콩 주변에 물이 드는 것도 같아 평소 콩을 좋아하는 나의 습관처럼 콩 많이 먹어야 하느니라. 하면서

밥 위에 듬뿍 놓았으니 건져내며 먹다가도 웃고, 알아서 그런지 목에 걸린다. 그래서 물에 말아서 먹으니 먹을 만하다. 그래, 누군가는 우유에도 밥 말아먹는다는데 커피 밥도 괜찮네 하며 먹었던 나.
한번 드셔보셔요.

내 이름은 반쪽이

삽의 문 앞까지 왔다가 그냥 돌아서 가는 아이 엄마 손에 커다란 여자아이 화장대 장난감이 들려져 있었다.

–들어 오셔요. 하니

–아이들 오면 들어갈게요. 조금 지나니 통통한 두 아이와 함께 들어선다. 작은아이에게 샐러드 먹이며 "배가 고팠구나. 할머니가 잘 해주시지? 엄마도 이제 돈을 버니 네게 더 좋은 것 많이 사 줄게," 일방적인 약속이다.

들리는 이야기라 안쪽에 앉아 있어도 들려진다. 잠깐 그렇게 만나곤 아이들을 데리고 인사하고 갔다. 드라마보기를 나는 좋아하지 않는다. 처음 보면 결과를 알 수 있어 뻔하다는 생각이 든다. 다 는 아니어도 거의 알 수 가 있기에 오늘도 느낌이 온다. 가는 한숨이 나온다.

"제가 핸드폰 놓고 온 것 같아서요. 아~ 제가 보진 못했는데 의자 위를 볼까요?" 하며 얼굴을 보니 눈이 그렁하다.

"제 주머니에 있네요, 죄송해요"

앉아요.

"마시려고 막 커피 내렸는데 뜨거운 것 한잔 들어요. 가슴이 가라앉을 거예요."

머그잔에다 뜨거운 커피를 갖다 주자 그렁한 눈에서 비가 내린다. 가슴에서도 오겠지. 나는 잘 알지도 못 하는데도 마음이 아프다.

자리를 피해 창고 방으로 들어갔다. 한 10분이 지나 크리넥스 갖다 주고 "예쁜 얼굴, 미워졌다~ 하며 잘 모르겠지만 자신만 보고 자신만 사랑하세요. 내 것은, 오로지 나뿐이에요."

"한 달에 한 번 아이들 만날 때 이 곳에서 볼게요."

"예. 오셔요."

돌아가는 그녀의 어깨와 발걸음이 무거워 보인다.

전에 부모가 헤어져서 주말에만 엄마 집에 가는 아이가 쓴 글이 문득 떠오른다.

내 이름은 반쪽이. 그 반쪽이 모습이 왜 떠오르는지 모르겠다. 날씨조차 꾸물거린다.

또 비나 눈이 온다 한다.

반, 반 오지 하고 마음을 종이 구기듯 구겨본다.

난 아무래도 엄마가 되어야

언제나처럼 내겐 그리 특별하다 싶은 일은 없다. 하루를 시작하면 언제나 같은 일, 같은 사람, 같은 시간들이다.
나도 가끔은 하늘을 보고, 구름도 보고, 스치는 바람결에도 환하게 웃으며 산다. 특히 누군가의 이야기나 느낌들을 떠올릴 때면 그러하다.
그러나 내겐 하루가 똑같은 날은 아니다. 내가 사랑할 수 있는 사람들과 그들이 누구이던 간에 한 손을 뻗으면 잡힐 수 있는 공간에 있어서 어릴 때 색종이 잘라, 고리 연결하여 길게 늘어뜨리고 장식하던 것 같은 사람, 그 전에 누가 무엇이 되고 싶냐 고 하면 좋은 할머니가 되고 싶다고 답한 것을 지키라는 기회를 준, 손녀인 아이들이 있어서 생각만으로도 즐겁고 행복하다.
얼마 전 집에 놀러온 손녀가 자기들의 미래를 얘기하는데 큰 아이는 아티스트가 되고 싶다하고 작은 아이는 발레리나가 되려 한다 해서 안아주면서 그리 될 거라고 한 적이 있지만 뜬금없이 밥을 하겠단다.
쌀 한 컵 떠오라고 하고, 의자를 싱크대에 대어주었다. 고사리 손으로 주물럭거리곤 손을 펴서 물을 버린다. 희한하다 싶었다. 저절로 여자는 배우는가 싶을 정도로 약간의 내 손을 거치고 나서 전기솥에 앉혔다. 한참 뒤에 김이 오르고 밥이 익었다.
–놀랍다. 대단하다. 하고 칭찬 해주니 숨을 크게 쉬며 결심하듯이,
"할머니. 난 발레리나 안 하고 아무래도 엄마를 해야겠어요."

꼭 안아줄 수 밖에 없다. 그런 아이들이 있어 내 하루는 행복해진다.
큰 세상 속에 있지 않아 많은 경험은 하지 못하더라도 틀 안의 나 혼자의 방식으로 사랑하고 바라보는 행복함이 좋아서 오늘도 조용히 그 분처럼 생각한다.
-보니 참 좋다.

우물가의 외숙모

일년에 두어 번 만나는 친척들, 한국으로 돌아와서 유일하게 만나게 된 외갓집의 가족들이다.
어릴 적 엄마가 외갓집에 마음을 몹시 쓰는 것 같아 어린 나는 그냥 그들이 싫었다.
시간이 많이많이 흘러 나의 엄마는 떠나신지 26년이 되었고 엄마가 마음을 쓰셨던 엄마의 직계들은 많은 변화와 가족들이 늘어 알 수도 없다.
그런데 그냥 그렇게 덤덤했던 그들은 내가 놀랄만큼 늘 봤던 것처럼 내게 다정하게 반겨주고 묻고 챙겨준다.
고모가 살아온 것 같다고 여지껏 연락도 안했냐며 눈도 흘기는 올케들이다.
엄마가 심으신 사랑을 받는 것 같아 엄마가 새삼 그리워지는 그 날이다.

우애가 두텁고 사랑들이 많은지 웃음이 밖을 넘나든다.
초라하게 느꼈던 그들의 아이들은 반듯하고 좋은 직장에 가정도 잘 꾸리고 산다는 것도 눈으로 마음으로 알 수 있다.
동서지간도 우애가 깊어 때 마다 미리 모여 음식도 하고 늘 수고하시는 큰 올케, 그들에겐 큰 어머니께 나오는 것이 부모에게 저절로 배운 듯 하다.
갑자기 봉투를 받게 되어 나도 모르게 손사래를 치며 자격 없음을 표시하니 오실 줄 몰라 준비를 미리 못했다며 주는 마음에 가슴이 따스해져 온다.

여자들만의 이야기다.
외갓집의 사당에 큰 우물이 있다.
두레박으로 물을 올려서 머리도 감겨주시고 짓궂은 오빠들은 우물 귀신 얘기로 울리기도 하고 그러면 외숙모가 유독 하얀 밥에 계란 얹고 외간장에 참기름으로 썩썩 비벼서 주셨다.
얼마나 맛있는지 외 간장은 우리 외갓집의 간장을 그리 부르는 줄 알았다.

우물이 있다는 것은 수도가 없던 시절이라 주변 사람들이 아침부터 퍼 가느라 분주하고 시끄러웠다.
외숙모는 보통사람처럼 오래 걷지 못하는 장애가 있으셨다 한다.
잘 웃으셔서 난 외숙모가 불편하신 것을 몰랐다.
그저 보름달같이 하얗고 어지신 분이라는 기억뿐이다.

올케들은 외숙모가 참 어지셨다 한다.
매일 새벽에 일어나시면 대문을 열고 물 퍼가도록 배려하셨다 한다.
올케들은 자신들이 이렇게 잘 살 수 있음은 외숙모의 어지심의 덕분 이라고 한다.
나는 내 엄마 즉 그들의 고모의 희생과 물질적 도움이라 할 줄 알았는데, 어려운 가운데서도 남을 위해 가지고 있는 것을 나눈다는 것은 대단한 일이라는 것을 순간 깨닫는다.

마음의 옷깃을 여미게 된다. 외숙모!
백년 전에 내가 없었고,
백년 뒤에도 나는 분명 없을 것인데, 내게 남겨진 이야기는 무엇일까?
대문을 열듯이 마음을 열고 잘 살아야겠다고 우물 이야기를 들으며 과거와 미래를 오간 시간이다.

복숭아

8월의 복숭아는 폐가 상하기 쉬운 가을을 견디기 위한 준비라고 늘 챙겨주시던 엄마. 덕분에 내가 좋아하는 과일이라고 정해 놓고는 복숭아의 단물을 흘려가면서 참 많이 먹었다.
어제 가까운 지인이 백도를 직접 따 오셨다고 한 박스나 주셨다.
–아직은 단단하니 좀 두었다 드시면 맛있을 거예요.
얼마나 감사한지 입이 눈가에까지 걸려서 마음을 드러내었다.
아침에 보니 곱기도 고와라.
색깔도 이쁘고 크기도 먹음직스러워 슬쩍 움켜지니 아직이다.
그런데 그 중 하나가 말랑거린다.
씻었다 얇은 껍질을 벗기니 탐스러운 살이 드러난다.
날씨도 오랜만에 맑은데 복숭아에 하늘을 얹어서 먹었다.

가물거리던 옛 생각이 났다.
엄마는 오빠들 밑에 자란 나를 유난하게 품으시고 고집이 세다고 걱정 하셨다.
엄마의 표현대로 세상을 몰라 캄깜한 밤에 살던 나는 늘 모든 것이 어려웠다.
과일 가게를 지나는데 탐스런, 그야말로 아가 머리만한 수밀도가 눈에 들어왔다. 그때는 바나나도 귀했고 수밀도라는 백도는 엄청 비싼 가격이었다.
가격에 놀라 갈등을 나름대로 하다가 4등분해서 4일을 먹으면 될 거라 생각하고 사면서 내 스스로가 대견했다. 4등분도 기발하고 내가 내 돈을 내고 샀으니 맛은 얼마나 있던지, 지금 생각하니 우습다.
계획대로 한 조각 먹고 통에 잘 보관하고 이튿날 조금 물렁대도 그런대로 감동스런 맛이었다.
다음날 까매지고 물렁거려 거의 소스 상태가 되어 아까운 마음에 속이 상했던 기억이 이 8월 복숭아 보면 생각이 난다.

미국에는 과일이 많아 복숭아도 만끽했는데 한국에 와서 먹어본 복숭아는 그 복숭아 맛이 아니여서 아쉬웠는데 어쩜 오늘은 복숭아가 이리 달고 맛있을까,
오늘따라 그 복숭아 맛 시간 여행을 해 보았다.

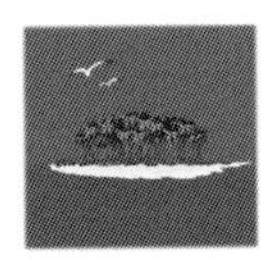

빈 방 없어요, 그러나

주일 교회에 가니 크리스마스 동극 연습이 한창이다.
피아노와 바이올린에 맞추어 연습하는 아이들은 아직 부족하지만 크리스마스에는 매우 잘 할 것으로 믿는 것은 아이들의 웃음이 맑고 곱다. 어느 교회에서 크리스마스 동극 준비할 때다.
많은 기대감을 갖고 오실 부모님들을 위해서라도 모든 아이들이 전부 참여할 수 있도록 준비를 하는데, 한 아이가 유독 들은 고민을 했다.
그래서 결정한 것이 딱 한 대답만 하는 역할 이었다.

-빈 방 없어요, 라는

며칠을 연습해서 공연 날이 왔다.
마리아를 나귀에 태우고 요셉은 방을 구하러 다니는데 어느 여관에 이르러 방이 있냐고 묻는데 이때,
대답하는 역할이 그 아이였다.
대답은 "빈 방 없어요"라고 간단히 대답만 하면 되는데 동극이 멈춘 듯 아이도 돌 같이 굳어 있어 선생님도 부모님들도 모두 걱정하는데,
갑자기 큰 울음 섞인 목소리로
"빈방 없어요 그런데 우리 집엔 내 방이 있어요. 엉엉……"
선생님은 실망하고 아이는 계속 울고, 그러나 한 사람으로부터 시작된 박수가 번졌다.
감동의 박수로 가득 찼다. 모두가 일어서서 마음으로부터 우

러나오는 새로운 메시지였다.

살면서 이렇게 빈 방을 찾아다녔을 수도 있고 지금도 찾아다니고 있을 수도 있다.
이런 아이와 같은 마음을 갖고 산다면 외로울 것도 없고 가슴이 따스할 것 같다.
이 이야기를 듣는데 마음이 움직인다.
“누군가 빈 방 있어요?”라고 물으면 나도 언제나
“내 방은 있어요.”라고 말 할 수 있을까, 하고 스스로 물어보는 오늘이다.

유성목 · 오일순 작품집

내 인생의 복덩이

인쇄 : 2022년 4월 11일
발행 : 2022년 4월 15일

지은이 : 유성목 · 오일순
펴낸이 : 홍순옥
펴낸곳 : 도서출판 옹달샘
발행처 : 도서출판 한국인
기획·제작 : 도서출판 부산문학
주소 : 경남 창원시 성산구 대정로 79, 4층 402호
(남양동, 성원1차아파트 목욕탕상가)
CACILIA 음악치료
전화 : 010-6657-6596
전자우편 : cecilia85@hanmail.net
출판등록 : 제2021-000006호

ISBN 978-89-94001-88-3(03810)
정가 15,000원